动手动脑快乐学习丛书

青少年
航空模型制作

薛 丙 编著

海峡出版发行集团 | 福建科学技术出版社
THE STRAITS PUBLISHING & DISTRIBUTING GROUP | FUJIAN SCIENCE & TECHNOLOGY PUBLISHING HOUSE

图书在版编目（CIP）数据

青少年航空模型制作/薛丙编著．—福州：福建科学技术出版社，2012.7（2019.4 重印）
（动手动脑快乐学习丛书）
ISBN 978-7-5335-4031-9

Ⅰ．①青…　Ⅱ．①薛…Ⅲ．①航模—制作—青年读物②航模—制作—少年读物　Ⅳ．①G875.3—49

中国版本图书馆 CIP 数据核字（2012）第 066287 号

书　　名	**青少年航空模型制作** 动手动脑快乐学习丛书
编　　著	薛丙
出版发行	海峡出版发行集团 福建科学技术出版社
社　　址	福州市东水路 76 号（邮编 350001）
网　　址	www.fjstp.com
经　　销	福建新华发行（集团）有限责任公司
排　　版	福建科学技术出版社排版室
印　　刷	日照教科印刷有限公司
开　　本	889 毫米×1194 毫米　1/32
印　　张	7
字　　数	162 千字
版　　次	2012 年 7 月第 1 版
印　　次	2019 年 4 月第 4 次印刷
书　　号	ISBN 978-7-5335-4031-9
定　　价	21.00 元

书中如有印装质量问题，可直接向本社调换

编者的话

在蔚蓝色的天空中，一架色彩鲜艳的小飞机轻盈地穿梭飞行在朵朵白云之间。它一会儿昂首直插蓝天；一会儿俯首直冲大地，消失在天际；一会儿在空中划了一个大圆、翻了个筋斗，一会儿横滚着机身飞向日出的东方……这不是一架真飞机在飞行，而是航空模型爱好者正在操纵着自己心爱的无线电遥控模型飞机。看着自己心爱的模型在空中翻飞，小飞行家们的心早已飞向了远方，飞向远航的客机，飞向了矫健飞翔的战鹰……他们在为实现自己的美好理想而努力地学习，学习各种各样的本领。

航空模型活动的内容很丰富，青少年朋友们可以参加国际通行的 F 类竞赛项目及国内通行的 P 类省青少年竞赛项目；还可以制作各种飞行器的实体模型、飞行设施及航空武器模型等；另外，学校或协会组织的展览、参观和比赛也很受欢迎。目前各大城市还有一批航空模型发烧友，在平常的双休日或节日时间里，飞行各种仿真无线电遥控模型飞机，作为休憩、娱乐的活动。随着人们生活水平的提高，航空模型活动将更加普及。

参与航空模型活动，可以扩大青少年的知识面，激发广大青少年爱科学、讲科学、用科学、钻研科学的热情，还可从小培养他们分析问题和解决问题的能力。通过学习模型发展史、模型飞机基本知识与模型飞机的飞行原理，青少年可以了解一些航空科学的基础知识，了解空气动力学、驾驶飞机的基本知识，为他们将来进一步的学习打下更坚实的基础。

青少年在实际参与动手制作模型飞机的过程中，将学会绘制工作图、选择材料、设计模型结构、制作施工及调整试飞，并掌握使用一些简单的工具对木件及金属件进行加工的技能。他们的动手能力将大大加强。为此，本人撰写了这本以动手操作为主的小册子，希望能对青少年朋友参与模型制作起引导的作用。

本书的内容共分为五章，第一到第三章主要介绍一些模型飞机的基本知识、模型飞机的结构及飞行原理。由于模型飞机的飞行原理是一门十分严谨的飞行动力科学，本书只是用一些简单的图画形象地加以阐述，难免有疏漏。第四、五章主要介绍了 6 种简易及初级模型飞机制作与调整试飞的方法，由浅入深，由易到难，循序渐进，以作为初学模型制作的青少年朋友的入门指导。模型制作是一门制作工艺复杂、要求高的动手项目，在爱好者中常有“买得起模型，做不起模型”的说法。由此可见模型制作工艺的深奥，这另一方面也意味着它更能培养爱好者的动手能力。

由于本人的水平有限，书中有不足之处望读者提出宝贵意见。

编者

2012 年 6 月

目 录

第一章 航空模型知识

第二章　制作航空模型的材料和工具

第三章　模型飞机的结构

第四章　简易模型飞机制作

第五章 初级模型飞机制作

附录　航空模型竞赛规则

第一章　航空模型知识

一、航空模型运动史

中国是个文明古国，我们的祖先很早就开始了对航空的探索。据史料记载，远在汉朝，有一个武士，用大鸟的羽毛做成两个大翅膀，绑在身上，头和身上也绑着羽毛，模仿鸟飞行的动作从高处向下跳，飞行了数百步。

图 1-1-1　模仿鸟飞行

飞行虽然没有成功，却体现了我们的祖先探索飞行的勇敢精神。实现航空的核心问题是找到克服重力的办法，归结起来，共有五种：一是利用浮力；二是利用扑翼的升力；三是利用旋翼的升力；四是利用固定翼的升力；五是利用喷气的反作用推力。飞机飞行是利用固定翼的升力，其余的见图 1-1-2。

令人惊奇的是我们祖先无一遗漏地对这五个方面都进行了研究试验，并取得了重大的进展。五种古代航空模型正是这些研究

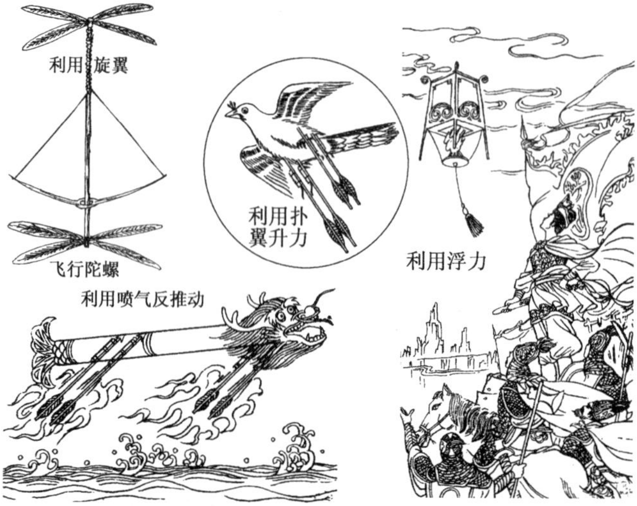

图 1-1-2　克服重力的方法

的结果。

有记载的最早研制航空模型木鸟的人是鲁班。《墨子·鲁问》中说："公输子削竹木以为鹊，成而飞之，三日不下。公输子自以为巧。墨子谓公输子曰：子之为鹊也，不如匠之车辖。"公输子，春秋鲁国人，也叫鲁班，是当时天下闻名的工匠。他制造木鹊从材料、技术上都具备了条件，飞起来也有可能。只是"三日不下"如果理解为连续飞行三天不着陆，则是夸大其辞或纯属传闻。

图 1-1-3　木鹊

由于古代科学技术水平有限，因此对航空的探索艰难曲折。有些实验始终停留在模型阶段，但其思路给近代航空研究者们以启迪；有些实验取得了重大进展，研制成具有实用价值的器械；

有些项目甚至实现了载人升空飞行；有些项目演变为飞行玩具，广为流传并不断发展。

虽然我们的祖先在航空模型领域的探索与研究中取得了许多当时处于领先地位的发明。可是，在 1949 年以前，中国只有少数大城市中有些爱好者自发研制航空模型，没有形成广泛群众性的活动，技术水平低，在世界航坛中默默无闻。

1949 年以后，我们党和国家从造就航空事业特别是空军强大后备力量，以及培养青少年爱祖国、爱劳动、爱科学的优秀品质等战略目标出发，有领导、有组织、有步骤地开展航空模型活动。经过重点试办、总结经验，培养干部，建立机构和准备物质技术条件，到 1956 年，基本上把航模活动普及到全国各大中城市和部分小城市。在这以后，工作的重点转移到竞赛提高方面，逐步完善了比赛规划，组织各种形式的全国性比赛。1956 年 8 月 10 日至 24 日，在北京举办新中国第一届全国航空模型比赛大会，并开始推行运动员、教练员、裁判员的等级制度。到了 1964 年，中国航模运动员已打破了多项世界纪录（仅 1959 年就打破 3 项航模世界纪录），有多名运动员取得了航模运动健将称号，并开始进行一些国际交流与竞赛活动。当时中国的航模运动已接近世界水平。

十年浩劫期后，我国航模活动又逐渐恢复。1978 年，中国航空运动协会正式加入了国际航空联合会，为中国航空模型运动打开了冲出亚洲、走向世界的大门。如今，中国已是航模活动的大国，有许多项目的活动水平一直处在世界领先的地位。中国现有开展的航空模型活动与竞赛的项目共计有 9 大类、45 个单项。随着人们生活水平的提高，航空模型活动已开始渗透进普通老百姓的日常生活中，成为部分青少年和成年人假日休憩的活动之一。模型飞机特别是遥控模型飞机更是五花八门，小的可以放入手掌之中，大的外形已长达 2 米，形状各式各样，五彩缤纷。

二、名词解释

1. 国际航空联合会

国际航空联合会成立于 1905 年，下设国际航空模型委员会，负责制定竞赛规则，组织国际活动等工作。其会徽见图 1-2-1。

图 1-2-1　国际航空联合会会徽

2. 飞机模型

一般认为不能飞行的、以某一种飞机实际尺寸按一定比例制成的模型叫飞机模型。

3. 航空模型

国际航空联合会对航空模型竞赛制定的规则规定：“航空模型是一种重于空气，有尺寸限制的，带有或不带有发动机的，不能载人的航空器。”

能在空中飞行的模型飞机是航空模型的一种。

三、航空模型各部分名称

模型飞机有简单的，也有较复杂的，但从外形来分，一般由五大部分组成（直升机模型飞机除外），见图 1-3-1。

机翼：在一定的速度下，主要用于产生升力，克服重力使飞机升空。

尾翼：包括水平尾翼和垂直尾翼，主要用来保持模型飞机的平衡和安定。

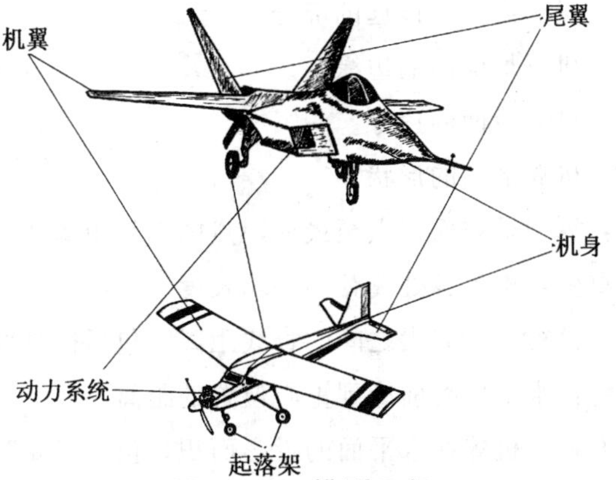

图 1-3-1　模型飞机

水平尾翼 { 水平安定面——保持模型飞机俯仰平衡和安定
升降舵——控制模型飞机平飞、上升或下降 }

动力系统：产生拉力（或推力）使模型飞机获得前进速度。

起落架（或滑翘）：支撑模型飞机，供着陆时使用。

机身：是模型飞机的主体。把模型飞机各部分连成一个整体。模型飞机的设备、机构和油箱等，都安装在机身内。

模型飞机各部分名称见图 1-3-2。

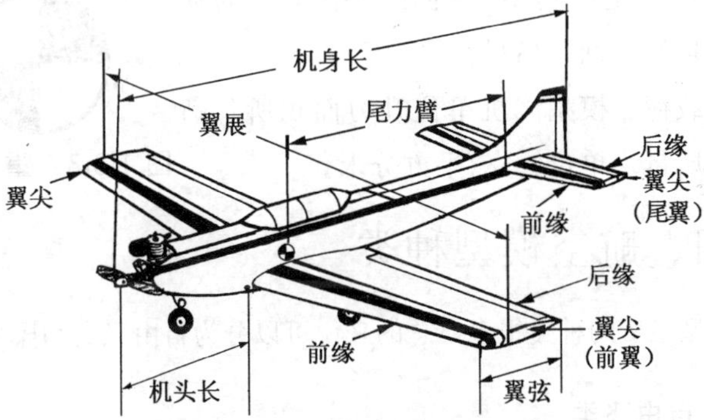

图 1-3-2　模型飞机各部分名称

翼尖：机翼离机身最远的部分。

前缘：机翼最前面的边缘。

后缘：机翼后面的边缘。

翼型：机翼剖面的形状。

翼弦：翼型最前面一点至最后一点的直线距离。

平均翼弦：机翼各处翼弦的平均长度。

翼展：机翼左右翼尖之间的直线距离，包括机身部分在内。

尾力臂：水平尾翼前缘到重心位置的距离。

投影面积：机翼在水平面的投影面积，包括机翼穿过机身部分的面积在内。

升力面积：包括机翼和水平尾翼的投影面积之和。

上反角：机翼上反时，机翼前缘与水平面的夹角。

安装角：机翼翼弦与机身基准线所成夹角。

基准线：假想通过机身的一条水平线。

机身长：机身最前端至机身最末端的直线距离。

机头长：机身最前端至机翼前缘间的长度。

重心：模型飞机重力的作用点。重心符号见图 1-3-3。

飞行质量：模型飞机在空中飞行的质量，包括润滑剂、燃料在内。

翼载荷：模型飞机单位升力面积所负荷的飞行质量。单位：克/平方分米。

图 1-3-3　重心符号

四、航空模型种类

模型飞机的种类很多，总的来说可以分为自由飞类和操纵类。

1. 自由飞类

自由飞的模型飞机在飞行过程中，人们无法操纵它的飞行状态，因此它主要用于竞赛飞行时间，看谁的飞行时间长。自由飞模型飞机分为弹射模型滑翔机、牵引模型滑翔机、橡筋动力模型滑翔机及活塞式内燃机自由飞模型滑翔机。

①弹射模型滑翔机，代号 PIT，见图 1-4-1。它是利用橡筋的收缩力，把模型飞机弹射上天空，当弹力逐渐消失后，模型飞机再转入自由滑翔飞行。

②牵引模型滑翔机，代号 PIA，见 1-4-2。它是依靠人的牵引力，通过尼龙线把模型飞机牵引上天，然后牵引线与模型飞机脱钩，模型飞机即进入自由滑翔飞行。

图 1-4-1　弹射模型滑翔机

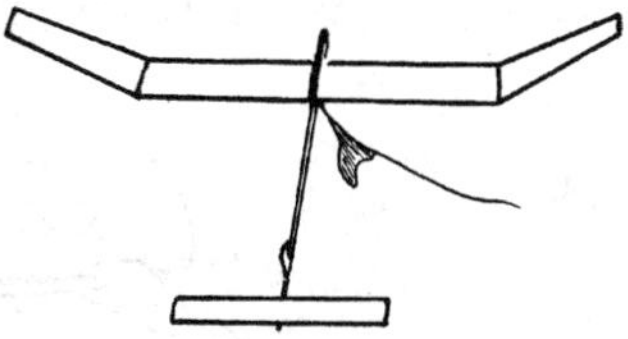

图 1-4-2　牵引模型滑翔机

③橡筋动力模型滑翔机，代号 PIB，见图 1-4-3。它是依靠装在机身内（或下方）的橡筋束的旋转扭力作为动力，带动螺旋桨旋转，使模型飞机飞上天空。橡筋束扭力消失后，螺旋桨停转，模型飞机即转入自由滑翔飞行。

④活塞式内燃机自由飞模型滑翔机，代号 PIC，见图 1-4-4。

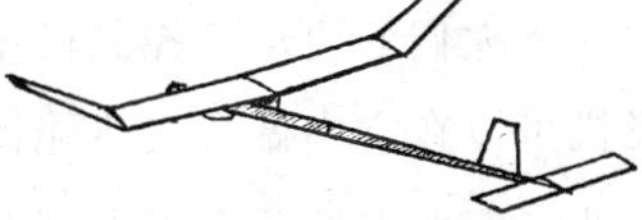

图 1-4-3　橡筋动力模型滑翔机

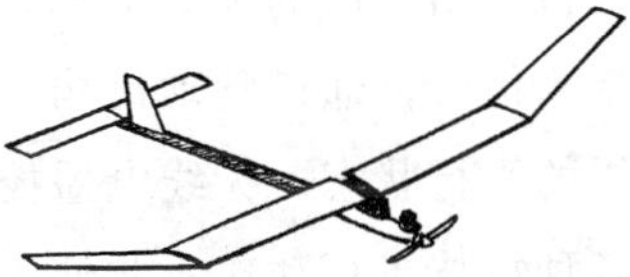

图 1-4-4　活塞式内燃机自由飞模型滑翔机

它内置一台活塞式内燃机，以燃烧燃料为动力。内燃机在规定的时间内，把模型飞机迅速拉上天空。内燃机停车后，模型飞机即转入自由滑翔飞行。

2. 操纵类

操纵类模型飞机又分为线操纵类和无线电遥控类。

①线操纵特技模型飞机，代号 P2B，见图 1-4-5。它以一台活塞式内燃机为动力，人们通过两根钢丝线操纵，使模型飞机以人为圆心作圆周飞行，并在半圆球空间内做各种规定的特技飞行动作。竞赛主要是看谁的模型飞的动作质量高。

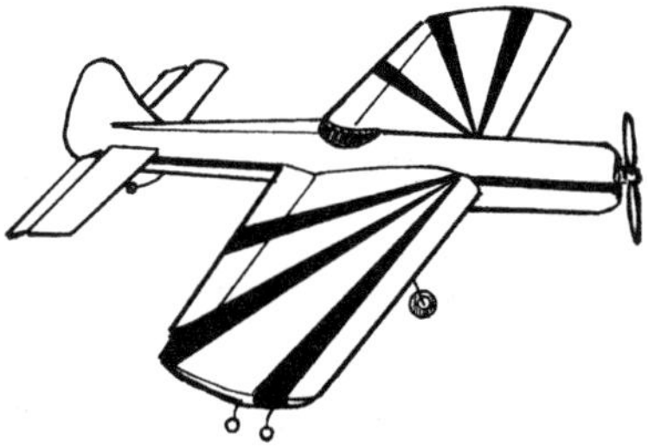

图 1-4-5　线操纵特技模型飞机

②无线遥控模型飞机，代号 P3A。它主要以活塞式内燃机为动力，现在也常见用电动机为动力。人们通过地面上的无线电发射机发出不同的指令信号，空中模型飞机中的无线电接收机收到指令信号，通过随动机构，按照地面上人们的要求，控制模型飞机的飞行状态。无线电遥控模型飞机可以在空中做真飞机能做的各种特技飞行动作。此外，它在工业、农业生产和军事上都有实用价值，见图 1-4-6。

随着科学技术的发展，新的模型飞机还将不断出现。以上介绍的只是我国目前在青少年中经常开展竞赛活动的项目。

图 1-4-6　无线电遥控模型飞机及其作用

五、模型飞机飞行原理

飞机为什么能飞呢？是不是和氢气球一样，受到空气的浮力就会上升的呢？不是的。飞机有几吨、几十吨重的，最大的飞机有上百吨重，空气对飞机的浮力比起飞机的质量来，简直小得可怜，根本不可能使飞机“浮”起来。那么是不是因为有发动机向前拉它，就可以上天呢？也不完全对。有的滑翔机根本不装发动机，也可以在高空飞行，而汽车和拖拉机都有发动机，却上不了天。

那么，是什么力量把飞机悬空托起来，使它自由飞翔的呢？我们知道，人造卫星可以在没有空气的太空运行，也就是在大气层以外的天空运行；而飞机却不同，它只能在大气层里面飞行，也就是说，飞机是离不开空气的，是空气产生的力量使飞机上天。

空气很轻，看不见，摸不着，但是当它以一定的速度流动时就产生风，风能产生相当大的力量。比如：刮大风时出门，不但撑伞困难，就是空手逆风而行，也感到很吃力。可见，风的力量是很大的。

我们都有这样的体会：站在大风中，感觉有风从前面吹来；在无风的时候，站在敞篷卡车上，随着卡车的运动，也有大风迎面扑来。这是因为运动是相对的。人站着不动受到风吹和人在静止的空气中运动时的感受，实际上是一回事。飞机在空气中运动，也同样受到空气对它作用的“空气动力”。空气动力包括“升力”和“阻力”两部分，下面我们分别来讨论这两种力。

1. 升力

升力就是克服飞机的重力把飞机托起在空中的力。升力是怎样产生的呢？为了搞清这个问题，我们先讲讲空气流动时的两个特性。

夏天，我们都喜欢坐在门口或窗口，因为那里风大，凉快些。为什么门口、窗口处风大，而房间里的风小呢？可以做个小实验：用嘴吹气时，把嘴抿得越小，吹出的气流速度就越大；呵气时，嘴张得很大，气流速度却很小，这又是为什么呢？原来，空气流动时，有一个特点，就是管道越小的地方，流速越大。门窗比房间小，空气流过门窗时，比流过房间时速度就大些。吹气时，嘴抿得小，气流就以较快的速度流过嘴唇；而呵气时，嘴张得大，“管子”大了，气流速度就小了。这是气体流动的第一个特性。

第二个特性是什么呢？再来做一个实验：准备两张约 7 厘米宽、22 厘米长的纸条，按图1-5-1所示的方法，用嘴往两张纸条中间吹气。你看到了什么现象呢？两张纸条会靠拢，你越用力吹，两张纸条就靠得越紧。但你一停止吹气，两张纸条马上就分开。两张纸条靠拢，说明两张纸条的外侧面上的压强比两张纸条内面上的压强要大，是这个压强差产生的压力差把两张纸条压在一起的。为什么一吹气，两张纸条内面上的压强就会变小呢？这就是空气运动的第二个特性：气流流度越大，压强就越小；反之，气流流速越小，压强就越大。

图 1-5-1 吹纸实验

这一理论是著名的瑞士物理学家丹尼尔·伯努利于 1738 年提出的：在同一流管中，流速大的地方压强小，流速小的地方压强大。后来人们就将这一理论称为伯努利定理。如图 1-5-2 所示，管径小的地方流速大、压强小，而与之相通的指示压强大小的玻璃管中液体的液面则高。

还有一个有趣的实验可以证明气流的这个特性：

找一根弯成 L 形的小玻璃管或竹管，像烟斗一样衔在嘴里，使劲吹气；同时，在管口放一乒乓球，于是这个乒乓球就在管口跳来跳去，稍微偏了一点又会自动跑回来，就

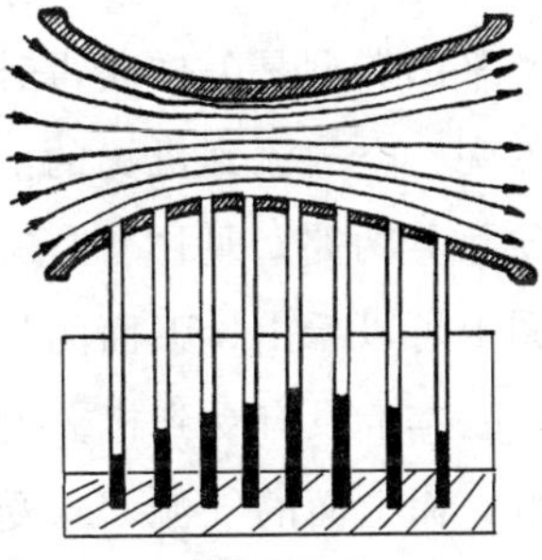
图 1-5-2

像表演杂技一样。一停止吹气，球就掉下。这是什么道理呢？正如我们前面所讲的，气流速度越大，压强就越小。管口的气流速度比周围的流速大，所以这一束气流的压强就比周围的小，乒乓球只要偏离管口，马上就会被周围的空气压回来，因此它跳来跳去，总逃不出这一束气流，见图 1-5-3。

图 1-5-3　吹球实验

懂得了空气的这两个特性，就很容易了解飞机获得升力的道理。飞机也像鸟儿一样，有两个翅膀，叫做机翼。我们把机翼剖开来看个究竟，原来这个剖面是上凸下平的形状。机翼的剖面叫翼型。这种上凸下平的翼型叫平凸翼型，见图 1-5-4。

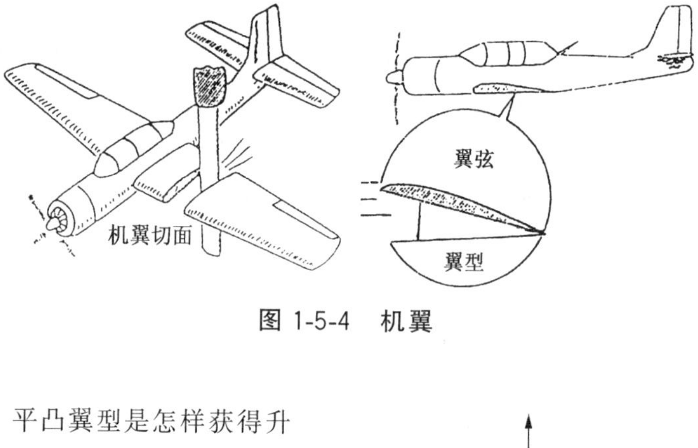

图 1-5-4　机翼

平凸翼型是怎样获得升力的呢？空气流到机翼的前缘便兵分两路，见图 1-5-5。从图上可以看出，下面的气流，基本上没有受到机翼的影响，而上面的气流，却受到机翼弧形的影响，显得很

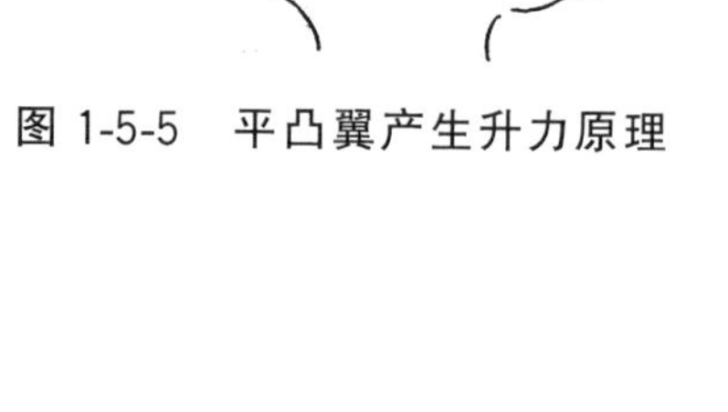
图 1-5-5　平凸翼产生升力原理

拥挤，也就像“管子”小了似的。管径一小，流速就大，流速一大，压强就小了。这时，机翼就像我们吹纸条的情形一样，机翼下面的压强比上面的大得多，于是把飞机“托”起来了。不过，机翼比纸条大多，飞机的速度也比吹气的速度大得多，所以，托起机翼的力，也就大得多。这个力，就是升力。模型飞机也和真飞机相似，是依靠机翼产生升力飞行的。

影响升力的因素：

①在一定的范围内，迎角增大，升力增大。如果机翼前缘稍向上仰，使机翼翼弦和气流方向成一个小的夹角，见图 1-5-6，我们称这个夹角为迎角。气流流经有迎角的机翼，上弧的路程更长些，压力就更小些；气流流经机翼下弧的路程和直线距离差不多，压力就大些。这样机翼上下产生的压力差就更大，所以产生的升力也更大。

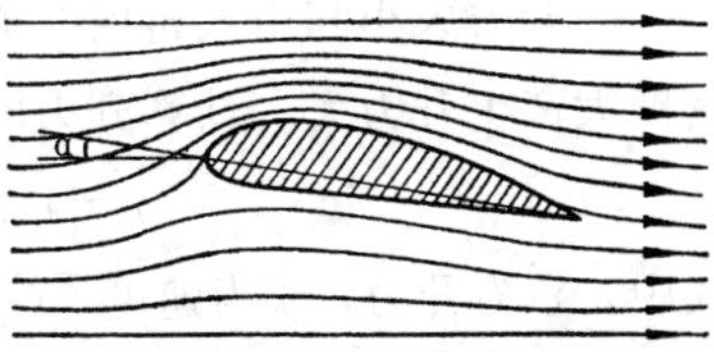

图 1-5-6　机翼迎角

模型飞机的种类不同，它的翼形也不同，所用的迎角也不同。在模型飞机上的迎角，一般在 6°以下。超过一定的迎角以后，升力就会急剧下降，阻力就会急剧增加。

②升力的大小与升力面积成正比，正如大扇子比小扇子扇的风大一样，所以机翼面积越大，产生的升力也愈大。明白了这个道理，在制作模型飞机时，一定要按设计图纸尺寸做，做大了不允许，做小了对模型飞机的飞行性能有影响，如图 1-5-7 所示。高

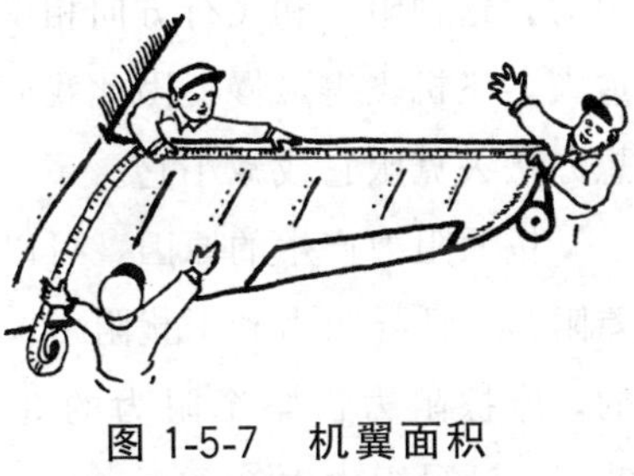
图 1-5-7　机翼面积

速喷气式客机的机翼面积就比低速客机的机翼面积小。

③升力的大小与飞行速度的平方成正比。也就是说，如果飞行速度增大，升力更是成倍地增大。因此，在牵引模型滑翔机上升时，要掌握好上升速度。如果上升速度掌握得不好，则飞得太快，使机翼产生的升力过大，常常会把机翼折断。

④升力大小和机翼翼型有关。机翼是模型飞机产生升力的主要部分。因为翼型与机翼产生升力的大小有密切的关系，所以想要做出性能良好的模型飞机，必须根据各种模型飞机的要求，选择合适的翼型。各种翼型各有特点，每种翼型一般只能符合某几种模型飞机的要求。

⑤升力大小和空气密度有关，升力与空气密度成正比，空气密度大产生升力大。计算升力的公式：

$$Y=1/2Gy\rho v^2S$$

式中，Y 为升力，v 为速度，Gy 为升力系数，ρ 为空气密度，S 为机翼面积。

根据上面公式可计算出升力的大小。

2. 阻力

阻力，大家对它都很熟悉。飞机飞行中受到的阻力和升力是形影不离的。模型飞机在空中飞行，除了产生升力以外，也受到阻力，这种阻力和飞行方向相反，阻碍模型飞机前进。飞行阻力愈大，飞机飞得愈慢。因此我们首先要了解阻力产生的原因，再想办法去克服它或减小它。

按照阻力产生的原因，可以把它分为四类，即摩擦阻力、压差阻力、诱导阻力和干扰阻力。这四类阻力中，前面三种是主要的，摩擦阻力占整个阻力的35%～40%；压差阻力占15%～20%；诱导阻力占30%～40%。各种阻力的大小会随着模型飞机的大小、速度、装配、迎角的变化而变化。这些数字只是大体上表明各种阻力在模型飞机的阻力中所占的比例。下面就分别讨论各种阻力：

（1）摩擦阻力

空气是一种流体，也是有黏性的，只是它的黏性不很明显，或是人们已习惯在空气中生活，这种黏性就不容易被察觉出来。我们可以做个小试验，帮助我们认识空气的黏性：你点上一支香烟，吸一口，往有颜色的桌面轻轻地一吹，你就会发现一部分烟雾已经跑了，还有一部分烟雾留在桌面上，这就是空气的一部分被桌面粘住了。由于空气运动被物体表面粘住而产生的阻力叫摩擦阻力。

模型飞机的周围都是空气，模型飞机飞行时和空气发生相对运动，就会产生摩擦阻力。事实上，在最靠近物体表面的一层薄空气流动较慢，这是空气分子被物体表面粘住的缘故。摩擦阻力的大小，决定于空气的黏性、模型飞机表面光滑程度和与空气接触面积的大小。要改变空气的黏性，实际是办不到的。减少摩擦阻力主要从表面光滑着手。对模型飞机的表面要仔细加工，蒙纸要平整，不能有皱纹，把纸反复摊平后，刷上透布油。这一则可以使表面更光滑；二则可以使纤维粗的地方，不能透气，以减少摩擦阻力。

（2）压差阻力

将一块平板垂直地放在水平流动的气流中，如图 1-5-8 所示。平板的前面正对着迎面吹来的气流，气流受到平板的阻碍，速度急剧地减小，压强大大增加。而被平板分开的气流，绕过平板后，来不及聚拢，形成一个很大的涡流区，涡流区的压强很小，这样平板的前后就产生了压强差，形成了压差阻力。

压差阻力的大小，主要取决于物体的正面面积，即物体正对着气流的最大截面积、物体的形状以及物体相对气流的位置。正面面积越大，压差阻力也愈大。如果物体的正面面积相同，而形状不同，它们所受的阻力是有很大差别的。假设一块圆柱体在运动空气中所受的压差阻力等于1的话，那么，截面积和它相等的流线型物体的压差阻力是它的1/25，如图1-5-9所示。这是因为气流流过流线型物体时，可以逐步地降低速度，汇拢成原来的流线，减少了物体后部的涡流区的缘故。弧形翼型就是类似的流线形，所以压差阻力就比较小。

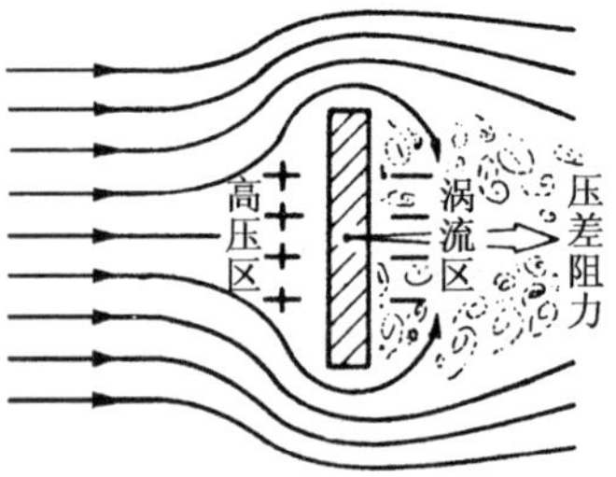

图 1-5-8 压差阻力

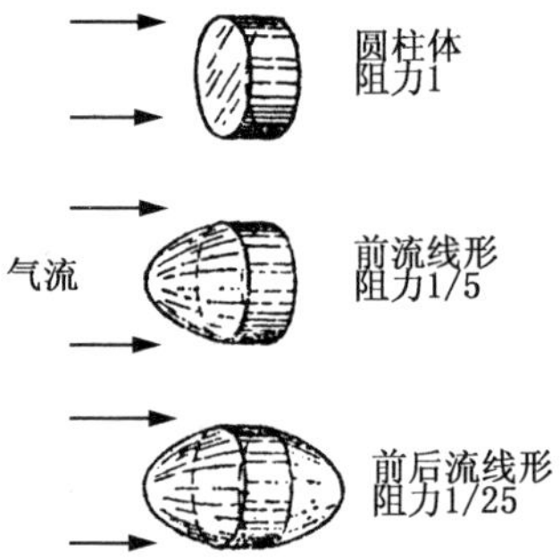

图 1-5-9 物体形状与压差阻力

压差阻力还跟物体与气流相对的位置有关。如果把机翼平行地放在气流中（即迎角等于零），当气流流过机翼时，后部形成的涡流区比较小，因此压差阻力也小。当机翼有个小迎角时，机翼后部的涡流区也略有增加。当机翼迎角增大到某一角度时，气流很早就分离形成很大的涡流区，这样压差阻力就急剧增加，升力也急剧下降，形成了所谓的“失速”现象，如图1-5-10所示。

（3）诱导阻力

诱导阻力是随着升力而产生的，或者说由升力“诱导”而产生的，所以称诱导阻力。

当机翼产生升力时，由于机翼下表面的压力大，机翼上表面的压力小，因此机翼下表面的气流，力图通过翼尖外面向上表面流动，于是，翼尖部分的气流发生扭转，形成翼尖涡流，它使流过机翼的空气向下倾斜的方向流去，如图 1-5-11 所示。垂直于倾斜方向的升力，按照力的平行四边形分解法，只有垂直于飞行方向的分力，还起着升力的作用，而平行于飞行方向上的分力，则起着阻力作用，这部分阻力就是诱导阻力。

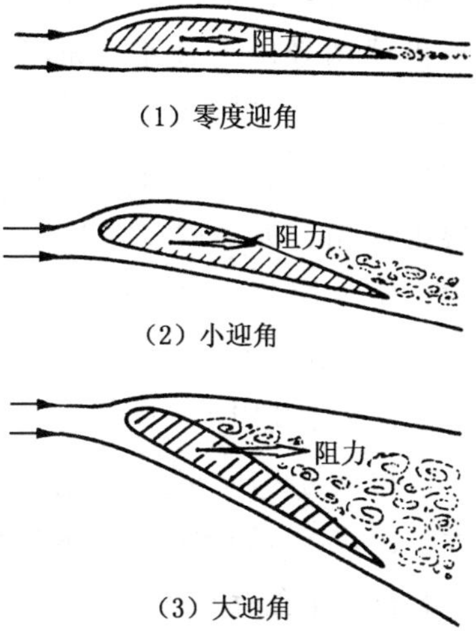

图 1-5-10　迎角与压差阻力

飞行中迎角增大，升力增大，诱导阻力也增大，当然我们不能用减少升力的办法来减少诱导阻力，因为这样反而得不偿失。

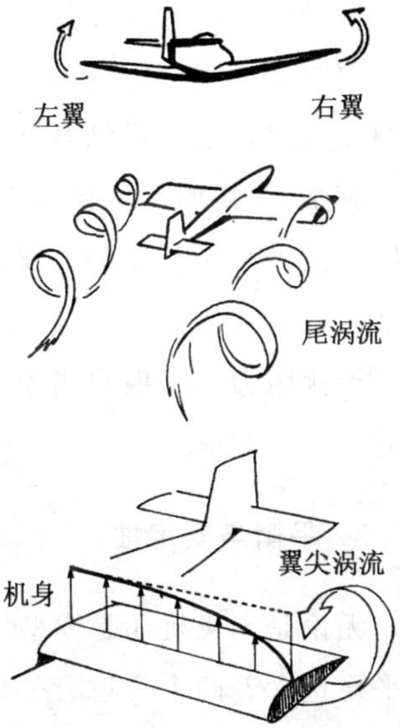

图 1-5-11　诱导阻力

诱导阻力和展弦比（机翼长度与机翼宽度之比）有密切的关系。展弦比大的机翼，诱导阻力较小，但展弦比过大，模型飞机强度和结构也就很难保证。牵引模型滑翔机的展弦比一般在 12～15 之间。诱导阻力和机翼的平面形状也有关系。长方形机翼的诱导阻力大，梯形次之，椭圆形机翼诱导阻力最小，如图1-5-12所示。由于椭圆形机翼制作极不方便，因此，一般很少使用。为了减少诱导阻力，便于制作，翼尖形状一般都做成梯形的。

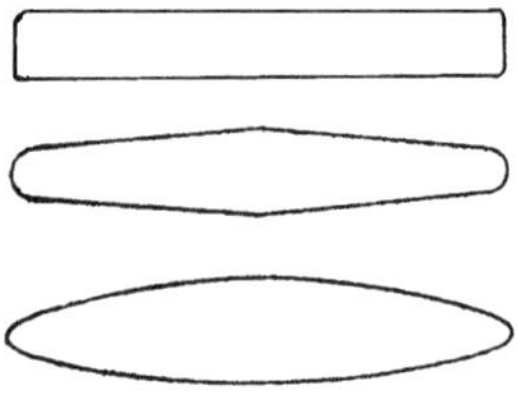

图1-5-12　翼形与诱导阻力

（4）干扰阻力

物体与物体靠近时，它们的阻力就比原来单个物体的阻力大，比如：机翼和机身，尾翼和机身结合处的阻力就比机翼、尾翼和机身单独存在的阻力大。这是因为气流流过物体结合处时，气流被扰动而成为不稳定的气流。这种因物体相互靠近，产生的阻力叫干扰阻力。我们在制作模型飞机时，把边沿结合处的地方，做成圆弧形，见图1-5-13。这样既减少了干扰阻力，又能增强结合处的强度。

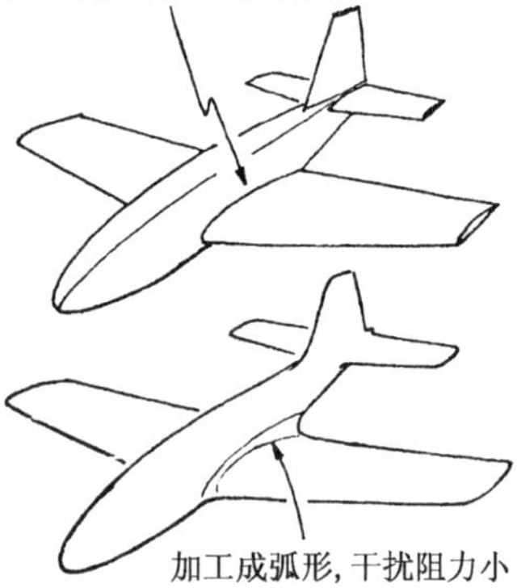

图1-5-13　干扰阻力

干扰阻力，一般只占整个阻力的5％～10％。

3. 平衡与安定性

无论是真飞机还是模型飞机，我们都希望它飞得很平稳。这个平稳包含着两个意思。一个是飞机受到的各种力，包括升力、阻力、重力以及发动机的拉力互相平衡，使飞机在一定的状态下前进，这就叫平衡。如果飞机的平衡不好，就会产生波状飞行、翻筋斗、螺旋下降或者俯冲落地等现象。

飞得平稳的另一个意思是：在平衡很好的情况下，忽然受到气流的影响，比如进入了上升气流，或者从侧面吹来一股风，使原来的平衡遭到破坏，飞机产生抬头、低头、侧滑、螺旋等现象时，能够自动地恢复平衡。这种在原有平衡受到气流破坏后，自动恢复平衡的能力叫做安定性。

因为在大气的低层，任何地方的空气都不会是平静的，飞机的平衡随时可能遭到破坏，所以安定性对于飞机的正常飞行，具有重要意义。有人驾驶的飞机，驾驶员可以操纵它，而模型飞机靠自己保持平衡，所以模型飞机的安定性比真飞机要求更高，这就是模型飞机的外形与真飞机有些不同的一个原因。下面分别讨论平衡和安定性：

（1）模型飞机的平衡

模型飞机在发动机的带动下飞行时受到四个力：发动机的拉力和空气的阻力、重力和升力，见图 1-5-14。我们在物理课中会学到：物体在平衡力的作用下，保持匀速直线运动或静止状态。作用在一个物体上的两个力的平衡条件是：大小相等，方向相反，并且在同一直线上。因此，模型飞机匀速直线平行飞行的条件是：拉力和阻力的平衡，升力和重力平衡。也就是说，升力也要与重力相等。模型飞机的升力是由机翼和尾翼的配合产生的，它们的合力一定要作用在重心上，才能与重力平衡，见图 1-5-15。如果机翼的升力太大，而尾翼的升力太小，或者重心太靠后，模型飞机就会抬头，这种现象我们叫“头轻”。如果机翼升力太小，而尾翼升力

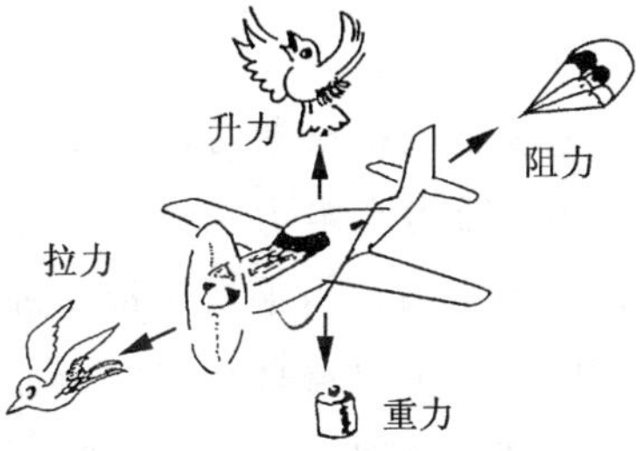

图 1-5-14　模型飞机受力

太大或者重心太靠前，模型飞机就会低头俯冲，这种现象我们叫“头重”。

这里要注意：我们所说的“头重”并不一定是机头部分太重，而是指由于机翼升力太小，或者尾翼升力过大，或是头部太重这三个因素引起的现象。

“头轻”并不一定是机头部分太轻，而是指由于机翼升力过大，或者尾翼升力过小，或者头部太轻这三个因素引起的现象。

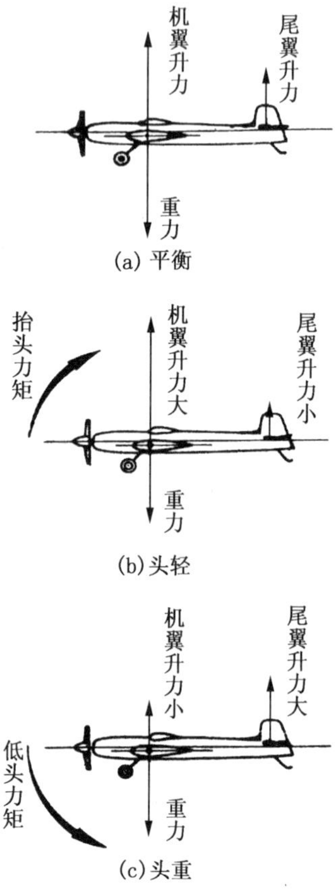

图 1-5-15　模型飞机升力与重力关系

模型飞机滑翔时，只受到升力、重力和阻力三个力。是什么力量与阻力平衡保持前进速度呢？我们骑自行车时，如果遇到下坡路，就可以双脚一停，让车子轻轻松松滑下去。这时，车子受到三个力的作用：人和车的重力，斜面对车的支撑力（垂直于斜面向上）和斜面对车的阻力。重力与支撑力的合力，与斜面平行且向下。正是这个力克服斜面对车子的阻力，并使车子向前进。模型飞机滑翔也是这个道理。这时模型飞机的滑翔路线与地面成一定的夹角（称为下滑角），重力和升力产生的合力是向前的。这个合力刚好与阻力平衡时，如图 1-5-16 所示，模型飞机做匀速直线运动。如果模型飞机受到的阻力较大，它就要以较大的下滑角滑翔，重力和升力产生的合力也就大一些，才能平衡较大的阻力。

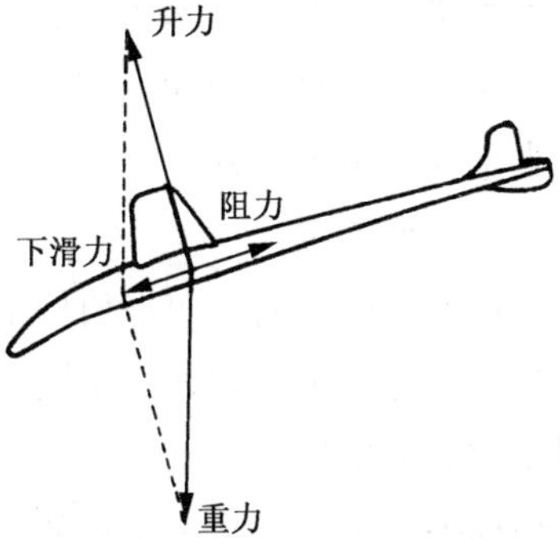

图 1-5-16 滑翔时受力分析

模型飞机遇到前面所说的“头重”现象，也会以较大的下滑角下滑，使合力增大。这时模型飞机的滑翔速度就可以增加，机翼的升力就增大了，使机头不至于栽得更厉害。由于下滑角增大，速度也增大，模型飞机的留空时间就缩短了，这对竞时模型飞机是十分不利的。因此，应该尽量减小模型飞机的阻力，并且避免“头重”现象发生。

模型飞机滑翔时，如果“头轻”，就会抬头向上飞行，速度越来越慢。这时升力小了，它只有再低头下滑，使速度增加，速度增加后，又会抬头。这样反复进行下去，飞行路线像波浪一样，叫做波状飞行。波状飞行损失高度较快，是我们不希望发生的。

严重的“头轻”会发生什么现象呢？模型飞机会猛烈抬头向上，正像骑自行车上陡坡而不蹬脚踏一样，很快就会停下来。模型飞机一停，没有相对运动，也就没有升力，就会向下掉，损失一段高度以后，进入俯冲，继续损失很多高度，这种现象称为“失速”。模型飞机经过一段俯冲又获得了速度，再来第二次失速，几十米的高度，经过几次失速，就能掉到地上。

从上面分析的情况看，要使留空时间增加，必须调整好模型飞机的重心位置，调整好机翼和水平尾翼的升力大小，使升力与重力平衡。如果飞机重心位置符合图纸要求，遇到“头重”时，可以增大机翼的升力（增大机翼安装角），或者减小水平尾翼升力（减小水平尾翼安装角）；遇到“头轻”时，可以减小机翼升力或者增大水平尾翼升力。

（2）俯仰安定性

上面所说的平衡，叫做俯仰平衡。是不是俯仰平衡了，就可以飞得平稳呢？不一定，还需要有抵抗干扰、恢复平衡的能力，那就是俯仰安定性。

俯仰安定是通过水平尾翼的作用来实现的。当模型飞机遇到一股气流使它突然抬头时，平衡被破坏了。但是，模型飞机抬头时，尾部向下运动，这时水平尾翼的迎角增大，升力增加，就把尾部抬起来，把机头压下去，飞机又重新恢复了平衡。

如果飞机突然低头，水平尾翼就会产生了一个抬头力矩，使它恢复平衡。

俯仰安定性的好坏，由两个因素决定：一个是重心相对于机翼翼弦的位置；另一个是水平尾翼的面积和水平尾翼到重心位置的距离。

重心位置对俯仰安定性有重要的影响，模型飞机的重心，一般在离机翼前缘50％～80％翼弦长处为好，太前太后都不好。

机翼与水平尾翼安装角，也是保证俯仰安定性的重要因素。机翼安装角应大于水平尾翼安装角。根据不同的模型飞机、不同的重心位置及翼型，机翼和水平尾翼的安装角差是不同的，比如弹射模型滑翔机的机翼与水平尾翼就不能有安装角差。一般说来，水平尾翼面积愈大，尾力臂愈长，俯仰安定性就愈好。但是水平尾翼面积太大，就减小了机翼面积。尾力臂太长，会使尾部过重，重心位置后移。所以，必须全面考虑，选择适当的水平尾翼面积和尾力臂。好的设计图纸，水平尾翼面积和尾力臂不会有太大的问题，可以照图制作。

(3) 横侧安定性

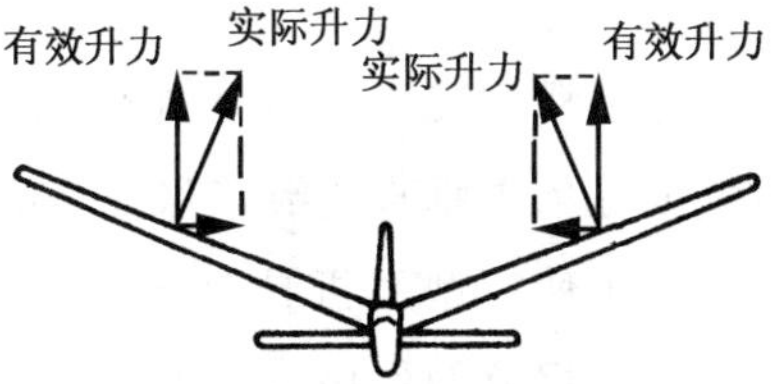

图 1-5-17　横侧安定性

模型飞机在倾斜以后，能自动恢复过来的能力叫横侧安定性。保证模型飞机横侧安定性，主要是依靠上反角，见图 1-5-17。重心位置的高低也会影响到横侧安定性。

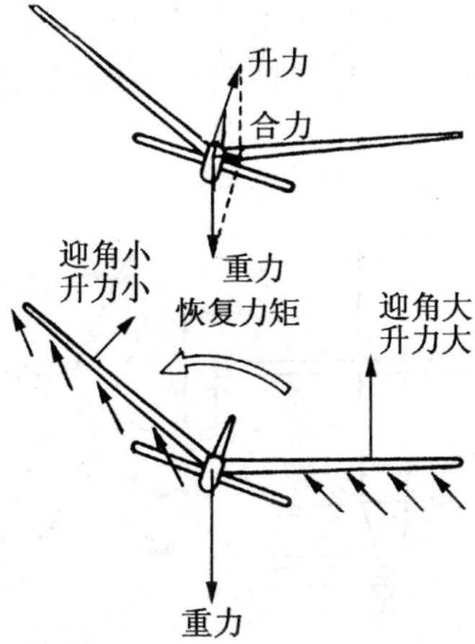

图 1-5-18　上反角的作用

上反角的作用，只有在模型飞机发生侧滑时才产生。当模型飞机受到气流的影响发生倾斜时，升力和重力的合力促使模型飞机向内侧滑，左右机翼上的相对气流方向也不同了。从图 1-5-18 中可以看到具有上反角的机翼，向下侧滑的那一面迎角增加，而另一半机翼迎角减少。由于左右机翼迎角的不同，产生的升力的大小也不同，便形成了一种恢复力矩，使模型飞机自动从倾斜中恢复过来。一般说来，上反角愈大，横侧安定性愈好。但是上反角过大，机翼的有效升力就会减小。此外，如果上反角太大，没有和垂直尾翼大小配合好，模型飞机会发生飘荡现象。相反，如果上反角太小了，又不能保证有足够的横侧安定性，就会螺旋下降。

注意，在制作模型飞机的时候，必须使机翼两边的质量一样，机翼两边的迎角也一样，模型飞机左右才会平衡。

(4) 方向安定性

保证模型飞机飞行方向不变的特性叫做方向安定性。模型飞机主要是依靠垂直尾翼来保证方向安定性的。

为了使模型飞机具有方向安定性，机身尾部装上了垂直尾翼。垂直尾翼的作用与水平尾翼的作用相似，当气流从斜方向吹来时，垂直尾翼与气流相对成一个角度，在垂直尾翼上就会产生一个与偏转方向相反的恢复力矩。由于垂直尾翼离重心较远，力臂很长，其产生的恢复力矩完全足以抵消机身的不安定力矩，使机身恢复到原来的飞行方向，如图 1-5-19 所示。

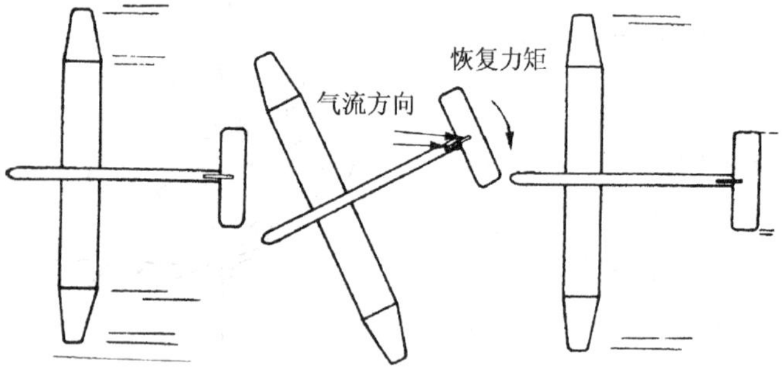

图 1-5-19 垂直尾翼的方向稳定作用

(5) 盘旋安定性

竞时模型飞机应该做盘旋飞行，因为作盘旋飞行的模型飞机不容易飞出视线，不容易丢失，同时作盘旋飞行的模型飞机容易“吃”到上升气流，也容易保持在上升气流之中，飞行时间可以大大增加。

模型飞机盘旋飞行时，飞行方向是不断改变的，而且必须倾斜飞行。要使任何一个物体由直线运动改为曲线运动，必须要有向心力作用在物体上，对于模型飞机来说也是同样的。向心力的产生是模型飞机倾斜的结果。盘旋飞行时，其升力可以分解为两个力，一个是垂直方向的分力，它与模型滑翔飞机的重力平衡；另一个是水平方向的分力，就是使模型飞机不断改变方向作盘旋飞行的向心力，见图 1-5-20。

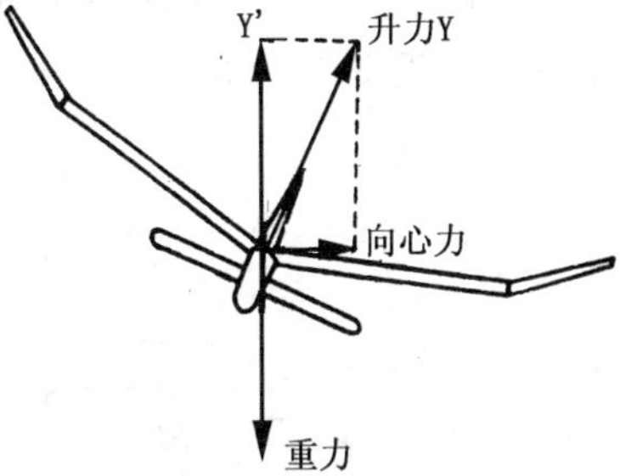

图 1-5-20　盘旋飞行受力分析

盘旋安定性与方向安定性和横侧安定性是密切联系的，也就是说与垂直尾翼大小和机翼上反角大小是密切相关的。如果配合不好，上反角太小，垂直尾翼太大时，模型飞机会出现盘旋下坠现象；相反，如果上反角太大、垂直尾翼太小时，模型飞机会出现左右摇摆的现象，不断损失高度，使飞行的时间缩短。这都是因为该模型飞机盘旋安定性不好。一般按照设计好的模型飞机图纸尺寸制作，垂直尾翼面积和上反角的配合较好，模型飞机盘旋安定性基本上不会有什么大问题。

图 1-5-21

此外，模型飞机在飞行过程中，它的副翼、水平尾翼、垂直尾翼都起到了保持飞行平衡和改变飞行状态的作用。例如：把水平尾翼后缘向上翘，模型飞机就上升，见图 1-5-21。把水平尾翼后缘向下弯，模型飞机就俯冲，见图 1-5-22。把垂直尾翼后缘向右偏转，模型

图 1-5-22　水平尾翼的作用

飞机就向右飞行。同理，垂直尾翼后缘向左偏转，模型飞机就向左飞行，见图 1-5-23。

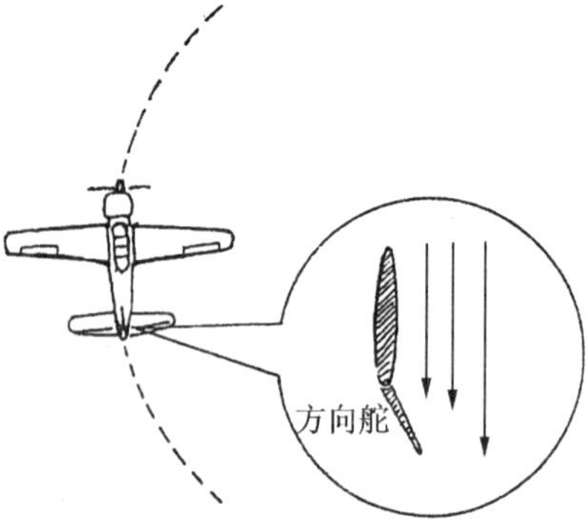

图 1-5-23　垂直尾翼改变飞行方向

通过机翼的副翼也可改变模型飞机的飞行状态，见图 1-5-24。

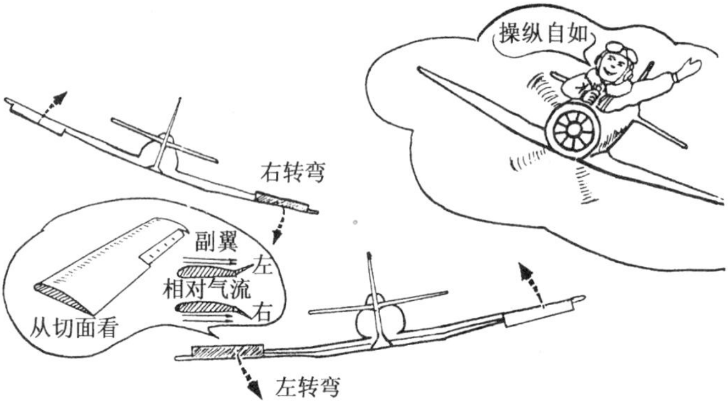

图 1-5-24　副翼改变飞行方向

六、模型飞机翼型

翼型对模型飞机的性能有很大的影响，要制作出性能良好的模型飞机，必须对模型飞机的翼型有所了解。

1. 各部分名称

模型飞机翼型各部分的名称如图 1-6-1 所示。翼弦是翼型的基准线，它是前缘点同后缘点的连线，中弧线是指上弧线和下弧线之间内切圆圆心的连线。

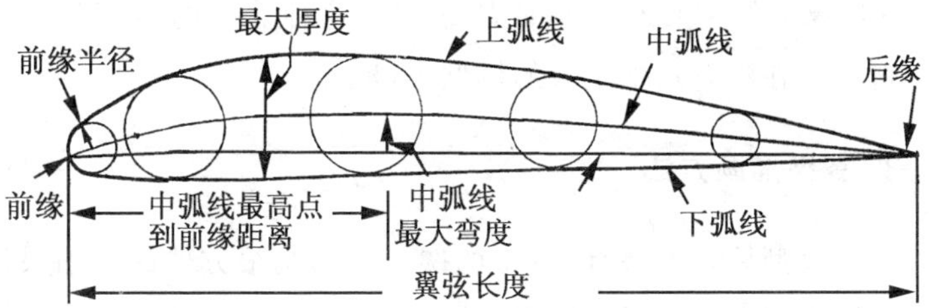

图 1-6-1 翼型各部分名称

2. 模型飞机翼型分类

常用的模型飞机翼型有对称、双凸、平凸、凹凸、S 形等几种，如图 1-6-2 所示。

对称翼型的中弧线和翼弦重合，上弧线和下弧线对称。这种翼型阻力系数比较小，但升阻比（升力系数和阻力系数之比）也小。一般用在特技模型飞机上。

双凸翼型的上弧线和下弧线都向外凸，但上弧线的弯度比下弧线大，这种翼型比对称翼

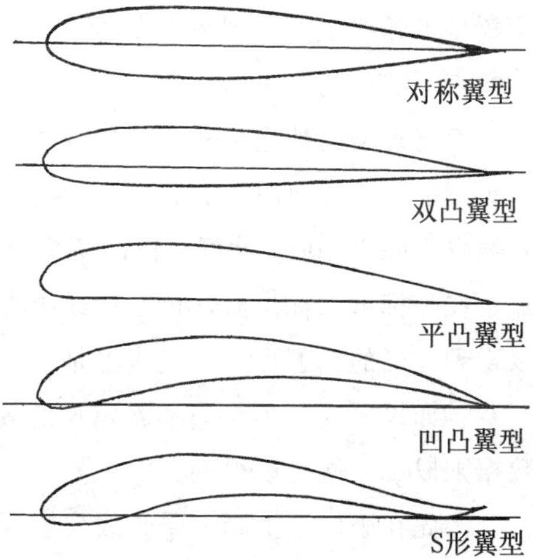

图 1-6-2 常用翼型

型的升阻比大，一般用在线操纵竞速或特技模型飞机上。

平凸翼型的下弧线是一条直线。这种翼型最大升阻比要比双凸翼型大，一般用在速度不太高的初级模型飞机上。

凹凸翼型的下弧线向内凹入。这种翼型能产生较大的升力，升阻比也较大，广泛用在竞赛留空时间的模型飞机上。

S形翼型的中弧线像横放的S形。这种翼型的力矩是稳定的，可以用在没有水平尾翼的模型飞机上。

3. 翼型描画方法

选好翼型后，如果有1∶1的图形，那是很方便的。如果没有，可以根据翼型的坐标把翼型描画出来。翼型坐标表一般是以前缘作为坐标原点，以翼弦作为横坐标轴，以翼弦的1/100作为基准长度，把上、下弧上若干点的横坐标和纵坐标表示出来的数据表，如表1-6-1所示。

表中第一列（x）表示该点的横坐标值，第二列（$y_{上}$）表示翼型上弧线上的点到翼弦的距离，第三列（$y_{下}$）则是下弧线上的点到翼弦的距离。

由于翼型的数据一般都是翼弦长为100毫米的数据，因此在画翼型前，首先要决定翼弦的长度。将翼弦长度分别乘以表中的各数据再除以100，就可以得出所需要的实际距离。把所有这些点，在坐标纸上标出后，再用曲线板将各点圆滑地接起来，便可以得到正确的翼型形状。其步骤是：

①如果要描画160毫米翼弦长的翼型，把表1-6-1左边所有数据乘以1.6便可以得到。

②先在坐标纸上画一条直线代表翼弦；然后在这条直线上量出翼弦的实际长度为160毫米，如图1-6-3（a）所示；并在这条线段上标出第一行（x）数据0，2，4……160（毫米），对应的

各点，过各点作线段的垂线。

表 1-6-1 坐标表

克拉克-Y 翼型			翼弦长 160 毫米的克拉克-Y 翼型		
x	$y_上$	$y_下$	x	$y_上$	$y_下$
0	3.50	3.50	0	5.6	5.6
1.25	5.45	1.93	2	8.72	3.0
2.5	6.50	1.47	4	10.4	2.35
5	7.90	0.93	8	12.6	1.49
7.5	8.85	0.63	12	14.2	1.0
10	9.60	0.42	16	15.4	0.67
15	10.68	0.15	24	17	0.24
20	11.36	0.03	32	18.2	0.05
25	—	—	40	—	—
30	11.7	0	48	18.7	0
40	11.4	0	64	18.2	0
50	10.52	0	80	16.8	0
60	9.15	0	96	14.6	0
70	7.35	0	112	11.76	0
80	5.22	0	128	8.35	0
90	2.80	0	144	4.48	0
95	1.49	0	152	2.38	0
100	0.12	0	160	0.19	0

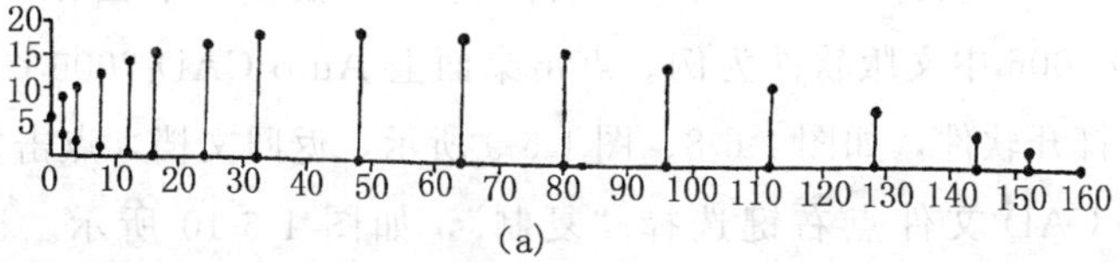

(a)

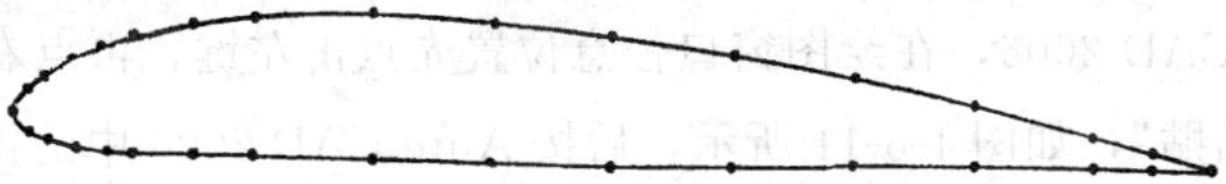
(b)

图 1-6-3 翼型描画

③然后根据第二行（y 上）和第三行（y 下）的数据，在垂线上找出上弧线和下弧线上的各点，如图 1-6-3（a）所示。最后用光滑的曲线把各点连接起来，就可以得到所需要的翼型图形，如图 1-6-3（b）所示。

4. 应用计算机绘制模型飞机翼型

通过手工将翼型描画在坐标纸上，既麻烦又不太准确。如今随着计算机的普及和一些功能强大的制图软件的推出，我们可以在计算机上既快又准地绘制出模型飞机的翼型来。下面简单介绍如何使用计算机绘制克拉克-Y 翼型。首先从百度搜索栏中输入"Profili 2 翼型软件下载"，点击搜索，按计算机中的提示从网络上下载 Profili 2 翼型软件于计算机中。打开 Profili 软件，如图 1-6-4 所示，点击键 1（设置翼型），从出现的对话框中选择所需翼型（这里选克拉克-Y，英文 CLARK Y）；点击键 2（打印出所选的翼型），在弹出的对话框中输入图 1-6-5、图 1-6-6 所示的各项，点击键"OK"确定；待翼型图弹出后，如图 1-6-7 所示，点击键 3"保存为 DXF 格式"（默认格式）到自建的文件夹内，即可得到所需翼型的 CAD 文件。该翼型的弦长为 100 毫米。

要从打印机绘制出翼型的图形，你的计算机还必须安装有 Auto CAD 软件。Auto CAD 软件的版本很多，下面以 Auto CAD 2006 中文版软件为例。点击桌面上 Auto CAD 2006 图标，即可打开软件，如图 1-6-8、图 1-6-9 所示，返回文档，点击文件夹中 CAD 文件点右键选择"复制"，如图 1-6-10 所示。返回 Auto CAD 2006，在绘图窗口任意位置先点击左键，再点右键选择"粘贴"，如图 1-6-11 所示，后按 Auto CAD 2006 中的提示输入相应的数据后，即可在绘图区内显示出一个弦长为 100 毫米的翼型图形，如图 1-6-12 所示。

Profili
File Airfoils Panels Polars Tools Print View Registration Language Settings ?
键 1
www.profili2.com
devCAD
Unregistered
Profili 2.27c
If you want subscribe to the mailing list 'Software Profili' send a message to
'software_profili-subscribe@yahoogroups.com'
Press F1 for help

图1-6-4

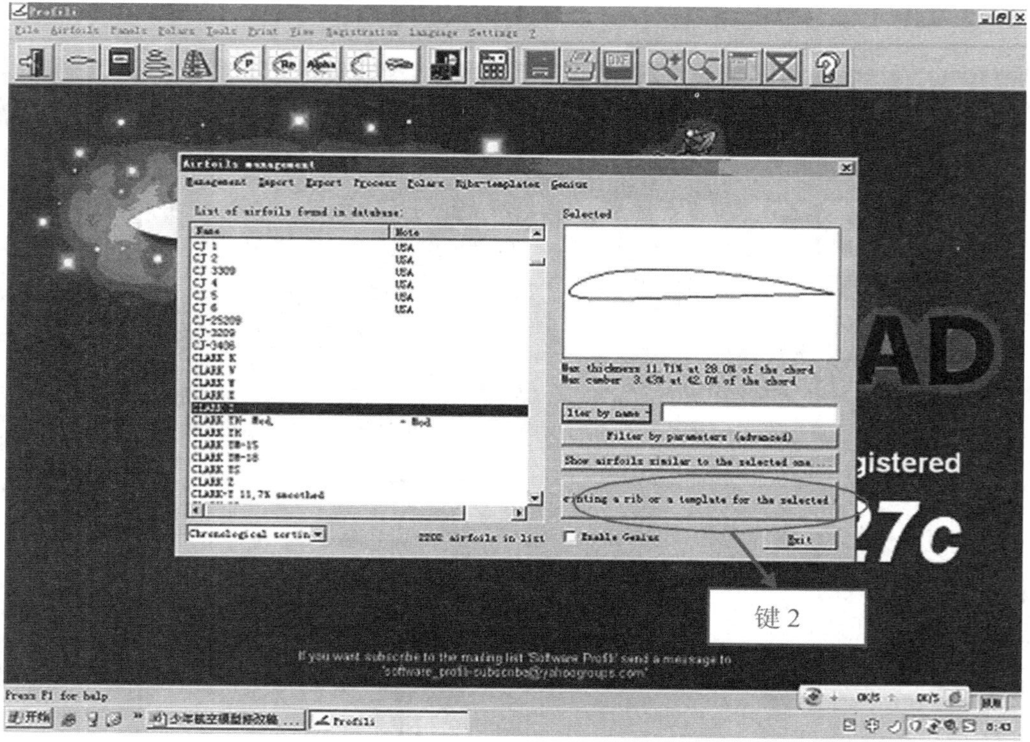
Airfoils management
List of airfoils found in database:
Selected
Filter by parameters (advanced)
Exit
键 2

图1-6-5　选翼型

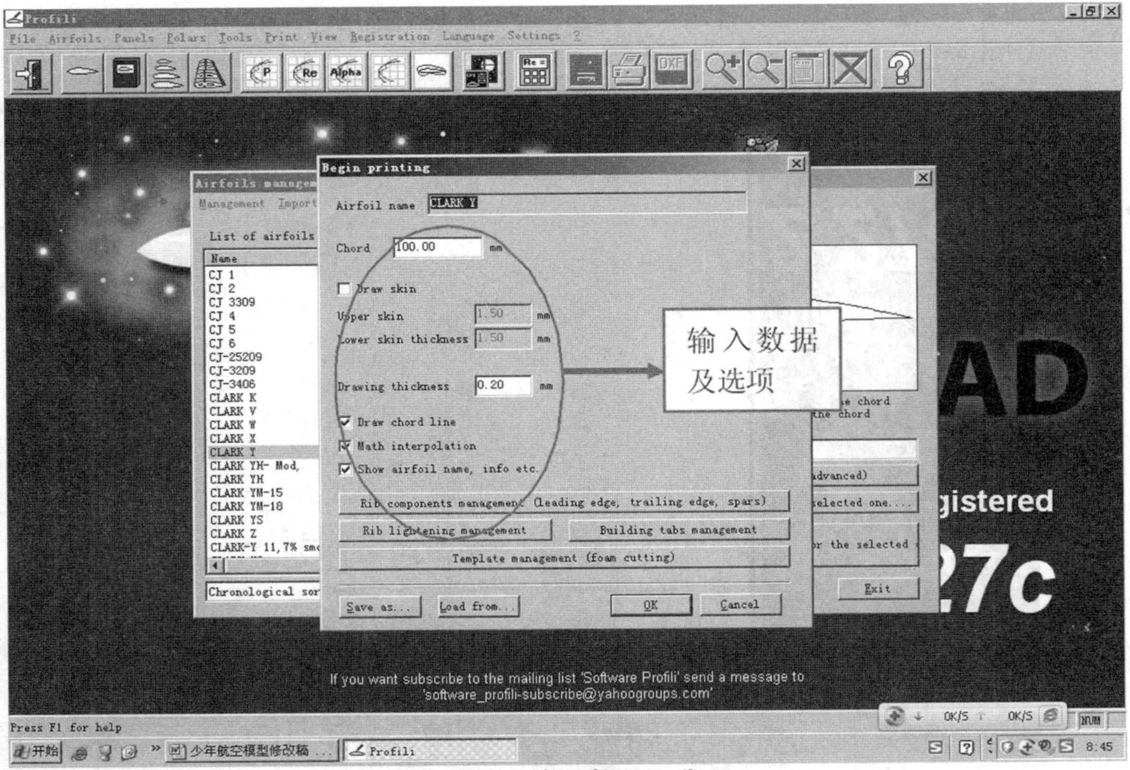

图1-6-6　输入数据及选项

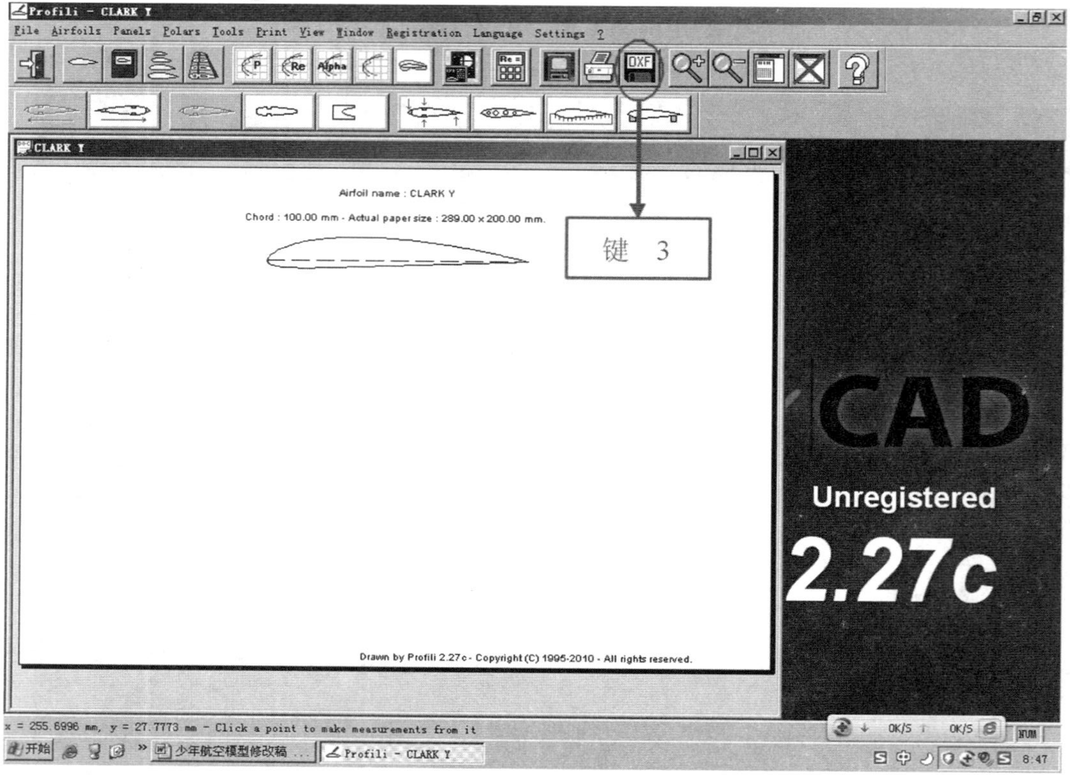
Profili - CLARK Y
File Airfoils Panels Polars Tools Print View Window Registration Language Settings ?
CLARK Y
Airfoil name : CLARK Y
Chord : 100.00 mm - Actual paper size : 289.00 x 200.00 mm.
键 3
Drawn by Profili 2.27c - Copyright (C) 1995-2010 - All rights reserved.
CAD
Unregistered
2.27c
x = 255.6996 mm, y = 27.7773 mm - Click a point to make measurements from it
开始
少年航空模型修改稿
Profili - CLARK Y
8:47

图1-6-7　点击键3

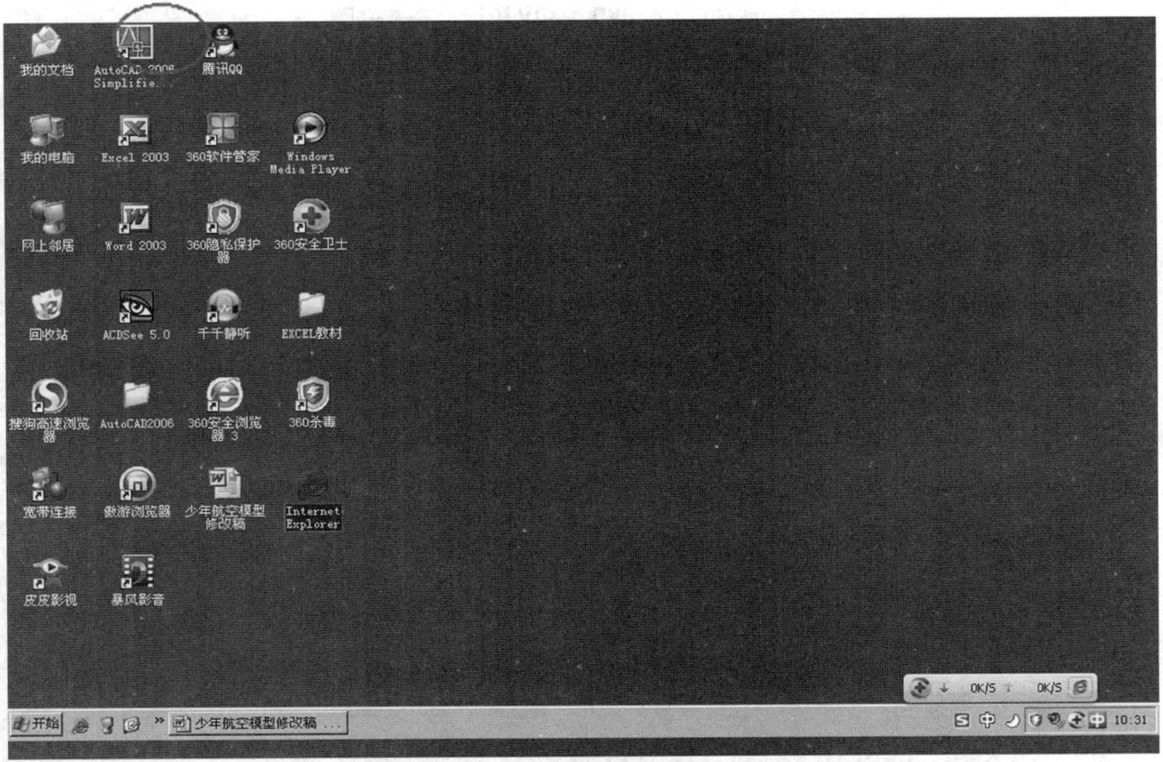

图1-6-8 点击桌面相应图标

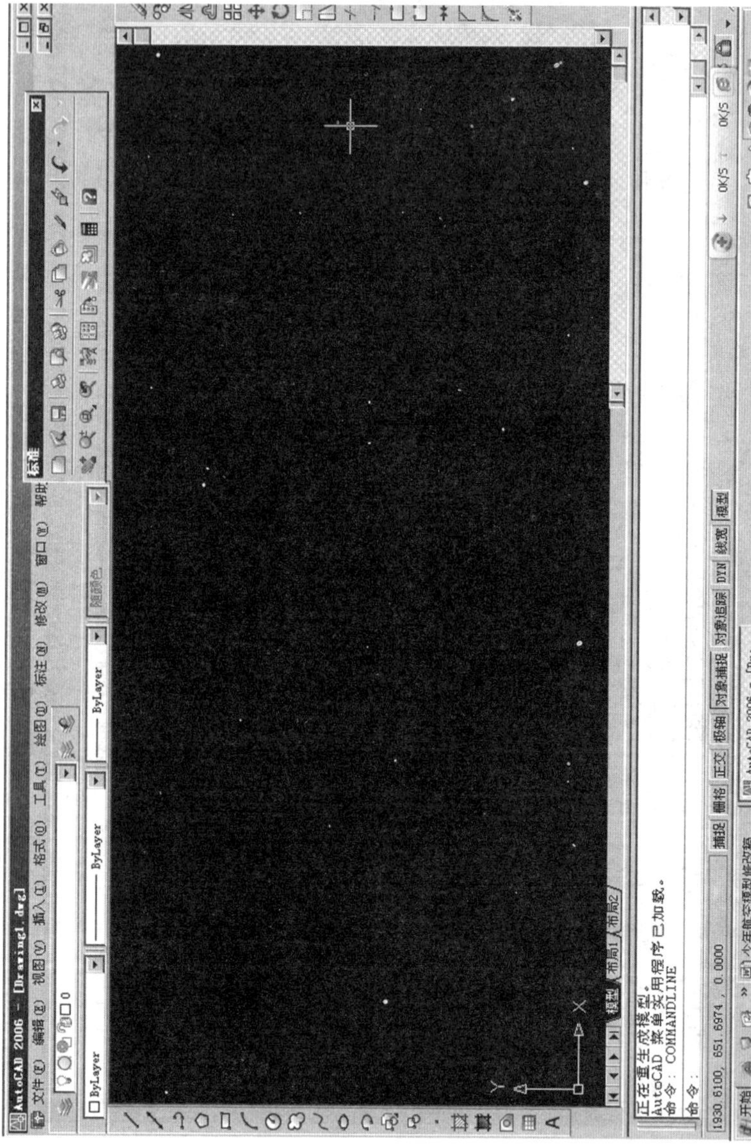

图1-6-9　打开Auto CAD 2006软件

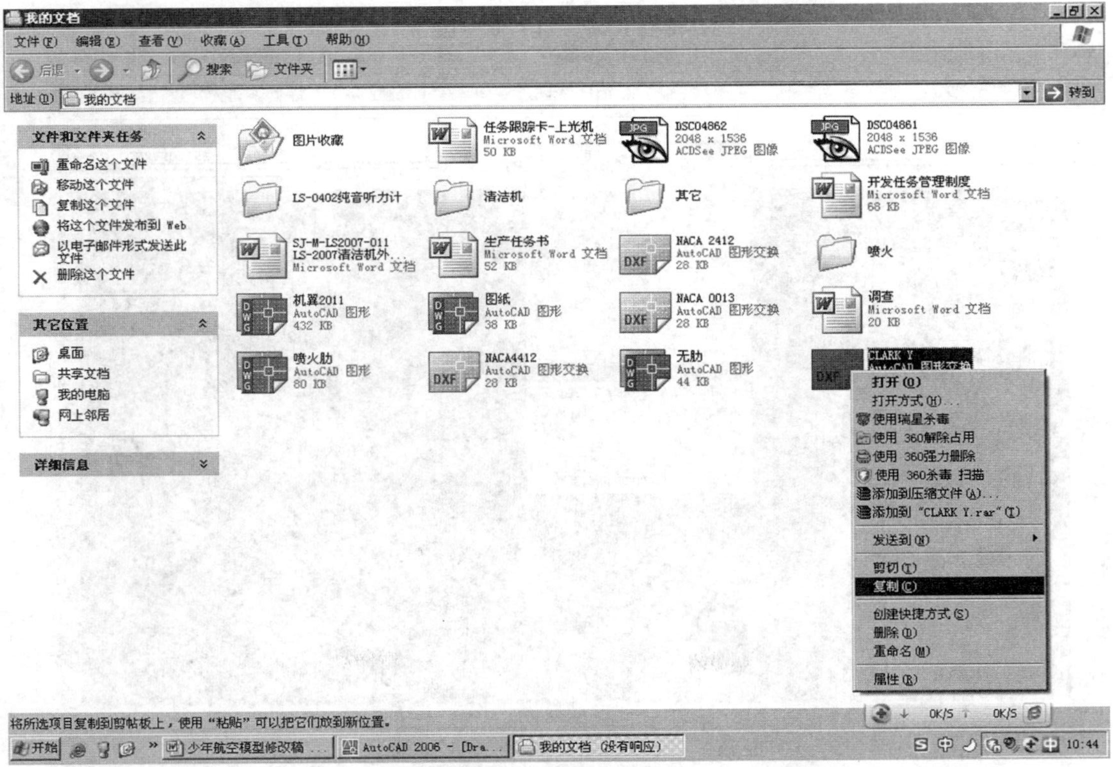
我的文档
文件(F) 编辑(E) 查看(V) 收藏(A) 工具(T) 帮助(H)
后退 搜索 文件夹
地址(D) 我的文档
转到
文件和文件夹任务
重命名这个文件
移动这个文件
复制这个文件
将这个文件发布到 Web
以电子邮件形式发送此文件
删除这个文件
其它位置
桌面
共享文档
我的电脑
网上邻居
详细信息
图片收藏
任务跟踪卡-上光机
Microsoft Word 文档
50 KB
DSC04862
2048 x 1536
ACDSee JPEG 图像
DSC04861
2048 x 1536
ACDSee JPEG 图像
LS-0402纯音听力计
清洁机
其它
开发任务管理制度
Microsoft Word 文档
68 KB
SJ-M-LS2007-011
LS-2007清洁机外...
Microsoft Word 文档
生产任务书
Microsoft Word 文档
52 KB
NACA 2412
AutoCAD 图形交换
28 KB
喷火
机翼2011
AutoCAD 图形
432 KB
图纸
AutoCAD 图形
38 KB
NACA 0013
AutoCAD 图形交换
28 KB
调查
Microsoft Word 文档
20 KB
喷火肋
AutoCAD 图形
80 KB
NACA4412
AutoCAD 图形交换
28 KB
无肋
AutoCAD 图形
44 KB
CLARK Y
打开(O)
打开方式(H)...
使用瑞星杀毒
使用 360解除占用
使用 360强力删除
使用 360杀毒 扫描
添加到压缩文件(A)...
添加到 "CLARK Y.rar"(T)
发送到(N)
剪切(T)
复制(C)
创建快捷方式(S)
删除(D)
重命名(M)
属性(R)
将所选项目复制到剪帖板上，使用"粘贴"可以把它们放到新位置。
开始
少年航空模型修改稿...
AutoCAD 2006 - [Dra...
我的文档 (没有响应)
10:44

图1-6-10 点"复制"

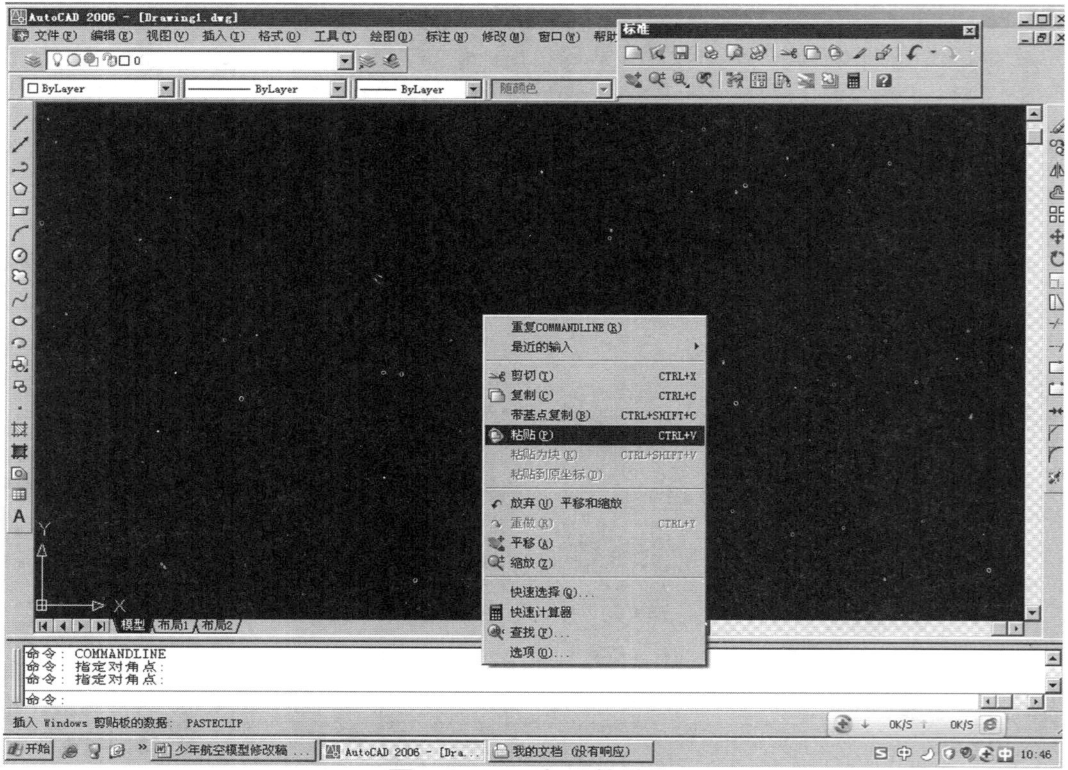
AutoCAD 2006 - [Drawing1.dwg]
文件(F) 编辑(E) 视图(V) 插入(I) 格式(O) 工具(T) 绘图(D) 标注(N) 修改(M) 窗口(W) 帮助
标准
ByLayer
ByLayer
ByLayer
随颜色
重复COMMANDLINE (R)
最近的输入
剪切 (T) CTRL+X
复制 (C) CTRL+C
带基点复制 (B) CTRL+SHIFT+C
粘贴 (P) CTRL+V
粘贴为块 (K) CTRL+SHIFT+V
粘贴到原坐标 (D)
放弃 (U) 平移和缩放
重做 (R) CTRL+Y
平移 (A)
缩放 (Z)
快速选择 (Q)...
快速计算器
查找 (F)...
选项 (O)...
模型 布局1 布局2
命令: COMMANDLINE
命令: 指定对角点:
命令: 指定对角点:
命令:
插入 Windows 剪贴板的数据: PASTECLIP
开始
少年航空模型修改稿
AutoCAD 2006 - [Dra...
我的文档 (没有响应)
10:46
图1-6-11　点“粘贴”

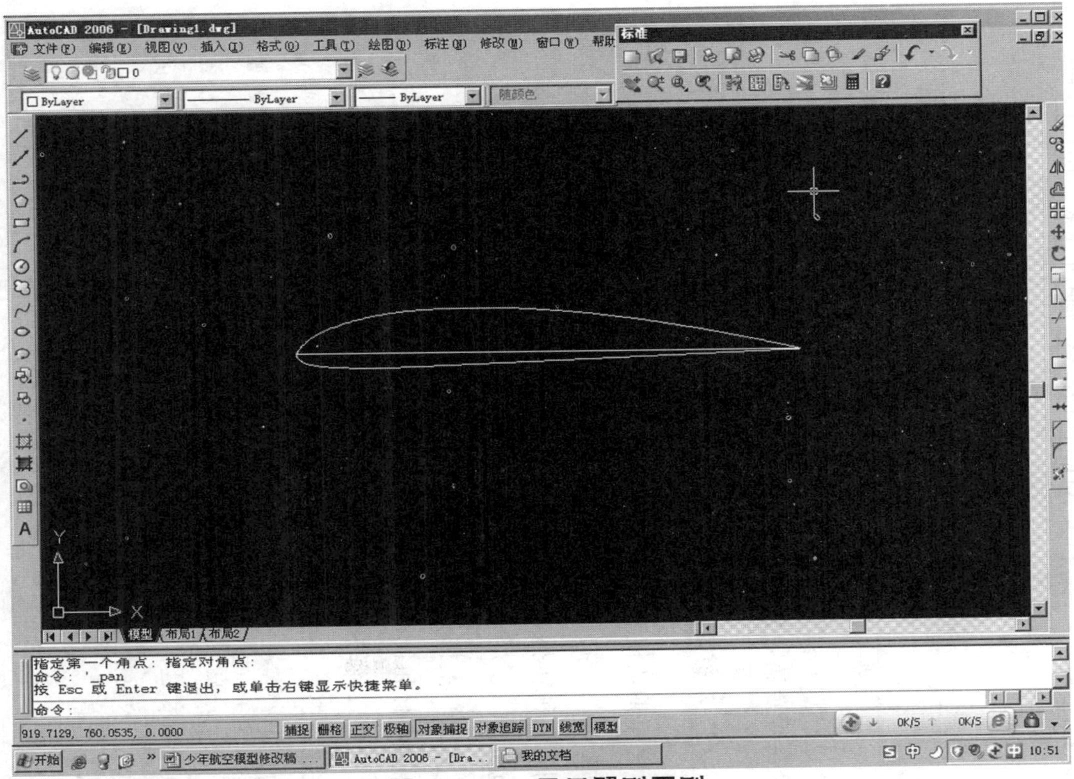

图1-6-12　显示翼型图型

第二章　制作航空模型的材料和工具

一、制作模型飞机的材料

制作航空模型飞机所用的材料品种很多，有木材、竹材、塑料材料、纸、纺织品等非金属材料；还有少量的铝、钢、铜、钛合金等金属材料。

1. 木材或竹材

早期的模型飞机几乎全用木材或竹材做骨架，上面蒙上纸或者很薄的织物。现代的模型飞机，虽然应用了大量的新材料，特别是各种塑料，但到目前为止，木材和竹材仍然占有相当重要的地位。

（1）木材和竹材的特性

木材和竹材材料好找、价格便宜、加工容易、黏结方便，而且有着较高的比强度。比强度是指材料的极限强度和材料的密度之比。例如，松木顺向拉伸的极限强度是 7840 牛/厘米^2、普通钢是 49000 牛/厘米^2；但松木的密度是 0.52 克/厘米^3，钢的密度是 7.8 克/厘米^3。所以钢的比强度是：5000/7.8＝641。松木的比强度是：800/0.52＝1538。可见，松木的比强度大约是钢的 2 倍。木材的比强度高，这是它的一个非常显著的优点。

但是，木材和竹材也有三个较大的缺点：第一，木材和竹材有木纹、木节、竹节等，这会给强度带来损害。但木纹不见得全是缺点，正确地选择木纹，对增加模型飞机的强度有好处；第二，木材和竹材的含水量变化的时候往往发生扭曲变形，这会给模型飞机的性能带来不利影响；第三，目前用于模型飞机的木条和木片，大多是用电锯加工的。用这种方法从原木加工成材，出材率只有 20%～30% ，也就是说有大约 70%的材料浪费掉了。

从性能上看，竹材同木材相比有三点不同：第一，竹材的密度大约是 0.9 克/厘米^3，一般比木材大。第二，竹材顺放抗拉强度大，大约是 2000 千克力/厘米^3，是木材的 4～5 倍。它的抗拉强度比普通铝还要大。第三，竹材容易弯曲，加温后可以弯成各种复杂的形状，而木材是做不到这一点的。

使用竹材一般要削去肉，只要竹青和竹皮部分，见图 2-1-1。

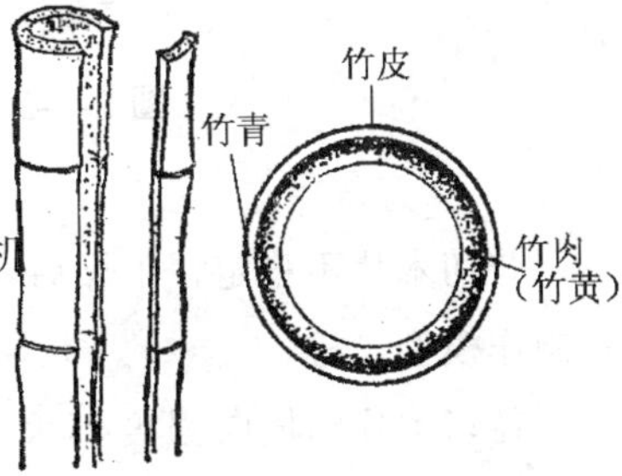

图 2-1-1　竹材

(2) 如何选用木材制作模型飞机

模型飞机的不同部位要采用不同的木材。制作翼肋、蒙皮、缘条、整形件等，要采用密度很小而又有一定强度的木材。我国常用泡桐木，它的密度大约是 0.28 克/厘米^3。高级的模型飞机可以使用轻木（巴尔萨），它的密度大约是 0.15 克/厘米^3。但我国只有西双版纳出产轻木，且价格比较昂贵。

制作翼梁、机身、横条等受力部件，要采用密度不一定很小而强度较大的木材。常用云杉、红松、椴木，它们的密度大约是 0.5 克/厘米^3。

制作螺旋桨和发动机架，采用有较大强度和硬度的木材。常用桦木、柞木、层压板等，而今常用塑料材料制作。

制作框架、局部加强片、机身头部或翼根的蒙板等，要采用各向同性的层板，常用的有 0.5 厘米厚的 3 层航空层板、2 毫米厚的 5 层和 3 毫米厚的 5 层椴木层板。

从圆木的不同位置锯出来的木片有弦切木片、径切木片、斜切木片等三种，见图 2-1-2。

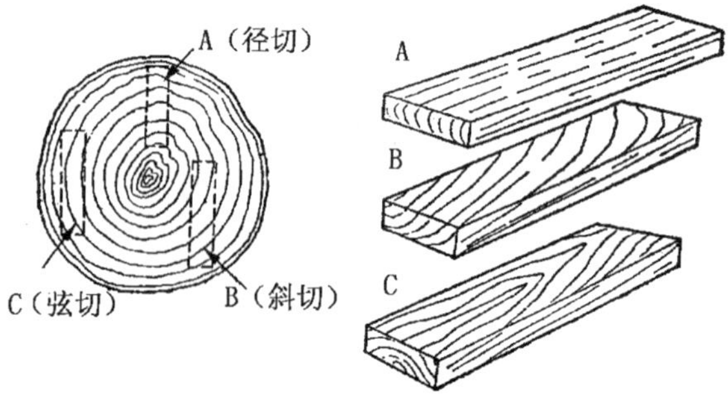

图 2-1-2　木纹纹理

弦切木片不稳定，干燥后容易翘曲。因此，一般不用这种木片制作模型飞机。

径切木片的横向强度不大，易弯曲，不宜用来制作平板部件。如果要用它制作平板部件，必须在结构上加大横向强度，可以通过增加同木纹垂直的加强条来解决。这种木片是制作曲面蒙皮的好材料。

斜切木片的剖面木纹是倾斜的。木纹倾斜 45°时最好、最稳定，不易变形，横向受力也较大。这种木片适合制作平板部件，比如整体的水平尾翼、垂直尾翼、舵面、后缘木条等。

2. 塑料和复合材料

塑料和复合材料的比强度高，化学稳定性较好，不容易变形。一般塑料的密度 0.83～2.2 克/厘米^3，大约是铝的一半。泡沫塑料的密度只有 0.02～0.03 克/厘米^3。因此，塑料和复合材料是在航空模型飞机中除木材外使用最广泛和最有发展前途的材料。虽然它们还不能在航空模型领域内完全代替木材，但它们所占的比例肯定会越来越大，并对航空模型的发展产生积极的影响。

航空模型常用的塑料和复合材料有硬泡沫塑料、注塑件、板材热压件、玻璃钢和石墨纤维等。此外还有热缩型的蒙皮，它将逐步代替传统的棉纸和尼龙绢蒙皮。

（1）硬质泡沫塑料

常用的硬质泡沫塑料有聚苯乙烯硬泡沫塑料、聚氯乙烯硬泡沫塑料、聚氨酯硬泡沫塑料、聚苯乙烯硬泡沫塑料吹塑纸。在航空模型中硬泡沫塑料是使用最多、最有发展前途的塑料材料。

（2）注塑件和板材热压件

可以用于注塑件和板材的材料很多，常用的有聚乙烯、聚丙烯、聚苯乙烯、氯乙烯、ABS、尼龙等。

在航空模型中，注塑件主要用来制作螺旋桨、桨帽、油箱、整流罩、发动机架、各种接头和摇臂等。也有整架模型飞机都是注塑的。注塑件的特点是可以制作各种复杂的零件，大批生产效率高，成本低，但由于模具较贵，不适宜少量或单件生产。

板材热压件可以用来制作薄壳机身、舱盖、罩壳、翼尖等。生产这些塑料零件的设备简单，模具费用低，因此，可以小批量生产。

（3）玻璃钢

它是用玻璃纤维和树脂胶合而成的复合材料，在航空模型中可以用于木结构的局部和表面加强；也可以用于硬泡沫塑料的表面加强，形成复合夹层结构；还可以单独制作成薄壳件，如机身、整流罩等。它的特点是强度大、质量轻、加工成型方便，适合单件生产。

（4）石墨纤维

在航空模型中它用于结构的局部加强。它往往同树脂胶结合使用，利用预制的石墨纤维树脂片，贴在翼梁或其他需要加强的部位上。

3. 纸和橡胶

（1）纸

常见的书皮纸、绘图纸、白板纸、卡纸等都有一定的刚性，可以用来制作小型纸模型飞机的机翼、尾翼、机身等。

棉纸可以用作构架式模型飞机的蒙皮。在大多数情况下，棉纸蒙皮要刷上涂料，以保证它的气密性和张紧度。有一些初级构架式模型飞机用拷贝纸、打字纸、油封纸、卷烟纸等制作蒙皮。用这些纸可以不刷涂料，因为这些纸的气密性比棉纸好得多，并且蒙好以后只要喷上一点水就会张得很紧，而用来蒙皮的纸最重要的是抗拉强度要好。

另有一种类似布的“无纺布”纸，用来做模型飞机的蒙皮效果十分理想，可作为大型模型飞机的蒙皮。

（2）橡胶

在模型飞机上，橡胶材料主要用来做动力橡筋，其次是橡胶机轮，以及使用甲醇燃料的橡胶软油箱和泡沫橡胶减震垫等。

4. 金属材料

除了极少数的全金属模型飞机外，金属材料在模型飞机上使用的数量不大。

（1）铝

如果不算发动机，在模型飞机上使用的金属材料中以铝合金为最多。如橡筋动力模型飞机的硬铝管机身、自由飞模型飞机和竞速飞机铝合金前机身，还有铝合金整流罩、摇臂、机翼插销、起落架、发动机架等。还可以用铝箔制作模型飞机的蒙皮。

（2）钢

模型飞机使用的钢材除螺丝钉以外，主要是各种钢丝：线操纵模型飞机用操纵钢丝，一般用 0.03 毫米×7 毫米合股钢丝；牵引模型机翼连接用接头钢丝；模型飞机起落架大都用弹簧钢丝制作，钢丝的直径决定于模型飞机的大小。另外还用到马口铁，一般用来制作油箱。

(3) 铜

薄铜片主要用来制作油箱，其他铜材料主要用来制作摩擦件和油管等。

(4) 钛合金

钛合金轻而强度大，广泛用在模型飞机的承力部件上。

二、黏合剂和涂料

1. 黏合剂

黏结是在制作模型飞机过程中进行结合加工的主要手段。在所有的模型飞机结构中，除了要经常拆装的部件外，很少有使用钉子连接的地方。因此，黏合剂就成了制作模型飞机不可缺少的重要材料。

(1) 快干胶

这是一种在木结构模型飞机上使用最普遍的传统的黏合剂。快干胶是用喷漆稀释剂或者丙酮等溶剂溶解硝酸纤维素（如乒乓球，可燃性照相底片，硝化棉等）制成的。它的特点是在常温常压下干燥快、不怕水。它的缺点是在干燥过程中挥发出有害的气体会污染空气，而且容易着火燃烧。另外，快干胶不能黏结聚苯乙烯硬泡沫塑料。

(2) 乳胶

乳胶也叫白胶，即聚酯酸乙烯乳液，见图 2-2-1。这是一种模型飞机制作中常用的黏合剂。它的优点是本身虽是水溶性的，但固化后不溶于水。它在固化的过程中对空气没有污染，不易燃，缺点是固化时间长和固化后不能长时间浸水。乳胶不仅可以用来黏结木材，还是硬泡沫塑料的理想黏合剂。乳胶稀释后还可以当作涂料使用。

图 2-2-1　白胶

（3）合成树脂胶

图 2-2-2　合成树脂胶

合成树脂胶的种类很多，如环氧树脂（图 2-2-2）、酚醛树脂、不饱和聚酯、脲醛树脂、聚氨酯胶等。其中环氧树脂胶对木材、金属、陶瓷、玻璃、橡胶等都有很好的黏结性能，只是对塑料差一些。它可以在常温常压下固化，收缩率很小，不怕水，稳定性好。因此，在航空模型制作中的各种黏合中，使用环氧树脂都有良好的效果。环氧树脂同玻璃布结合使用可以制成玻璃钢零件。不饱和树脂的流动性好，多用来制作另一类玻璃钢零件。酚醛树脂和脲醛树脂在航空模型制作中主要用来黏结木材，聚氨酯胶用来黏结软性泡沫塑料。

（4）502 胶

502 胶是一种 α-氰基丙烯酸酯类黏合剂，是一种无色透明液体，见图 2-2-3。它使用很方便，不需加热、加压，在室温下就能迅速固化。可黏结金属、玻璃、膝胶、木材、塑料（但聚乙烯、聚四氟乙烯不能黏结）等。502 胶的耐水性不好，固化后很脆。由于胶液很稀，对多孔性材料容易渗透，因此，并不是很好的木材黏合剂。

图 2-2-3　502 胶

（5）不干胶

不干胶。也叫做压敏胶。它是一种不用

等待固化就有良好黏结强度的黏合剂，近年来在航空模型套材中逐步被广泛应用。

2. 涂料

涂料可以使模型飞机的表面光滑、美观，并有一定的抗浸蚀能力。涂布油、硝基漆、有机玻璃涂液、环氧漆、乳胶漆、聚酯漆等都是模型飞机常用的涂料。

（1）涂布油

它是一种硝基涂料，也叫硝基皮尺清漆。但和硝基清漆不同。涂布油的收缩率大，漆膜韧性好，因此，它可以使蒙皮张紧，增加气密性和防止浸蚀。涂布油易燃，使用时要注意防火。它的溶剂多用喷漆稀释剂，挥发时会污染空气，必须在通风良好的地方涂刷。

（2）硝基漆

有色的硝基漆是美化模型飞机的主要涂料。它用喷漆稀释剂作溶剂，干燥快，不怕水，但易燃，挥发时对空气有污染，可采用刷涂，但最好采用喷涂。

现今市场上有罐装硝基漆喷漆罐出售，并有许多种颜色，见图 2-2-4。买回后可直接用于模型飞机表面喷涂，十分方便，但价格比硝基漆贵。

（3）有机玻璃涂液

它是用甲苯、丙酮、三氯甲烷、三氯乙烯等溶剂将有机玻璃溶解而制成的一种涂料。把它涂在硝基漆的外面可以起到增加光泽和防浸蚀的作用。在使用甲醇燃料的模型飞机上，必须涂上有机玻璃溶液，防止甲醇侵蚀。注意有机玻璃涂液易燃，

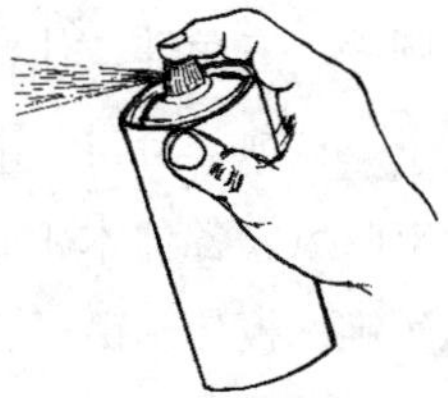

图 2-2-4　喷漆罐

挥发时会污染空气。

（4）脂肪族聚氨酯油漆

它的色彩鲜艳，光泽好，漆膜坚硬，抗腐蚀能力强，是模型飞机上使用的理想涂料之一。它的缺点是喷涂操作比较复杂，而且有几种配料具有毒性，对操作者的健康不利。

三、工具和工具箱

1. 工具

制作模型飞机所使用的工具范围很广，从简单的一把小刀到复杂精密的机床和电子仪器都用得上。但初学者在开始动手制作模型飞机时，没有必要一次把许多工具备齐，可以根据自己的需要，随着制作模型飞机品种的不断增加而逐步添置或自己动手制作一些专用工具。

（1）必备的工具

在制作航空模型飞机的工具中，手工工具占绝大多数。必备的工具有：小刀、锯子、砂纸、手钻、小钳子、剪刀、螺丝刀、小锤子、大头针、工作板、三角尺、直尺和工作服等，如图 2-3-1 所示。

（2）进阶级工具

在置备了必要的手工具的基础上，爱好者还可根据自己的经济条件置备以下工具：木刨刀、手摇钻、钢锯、钢锉（包括平板锉、圆锉、三角锉、什锦锉等），钢直尺、钢直角尺、角尺、卡尺、天平、铁剪、台钳、钳工锤、钳工铲刀、各种螺丝刀、夹钳、电烙铁、电吹风、各种木工铲刀、各种刻刀、各种扳手、套筒、各种钻头、丝锥、板牙、镊子、画规、绘图仪、计算器、加工泡沫塑料的电热丝切割机、汽油喷灯等，如图 2-3-2、图 2-3-3 所示。

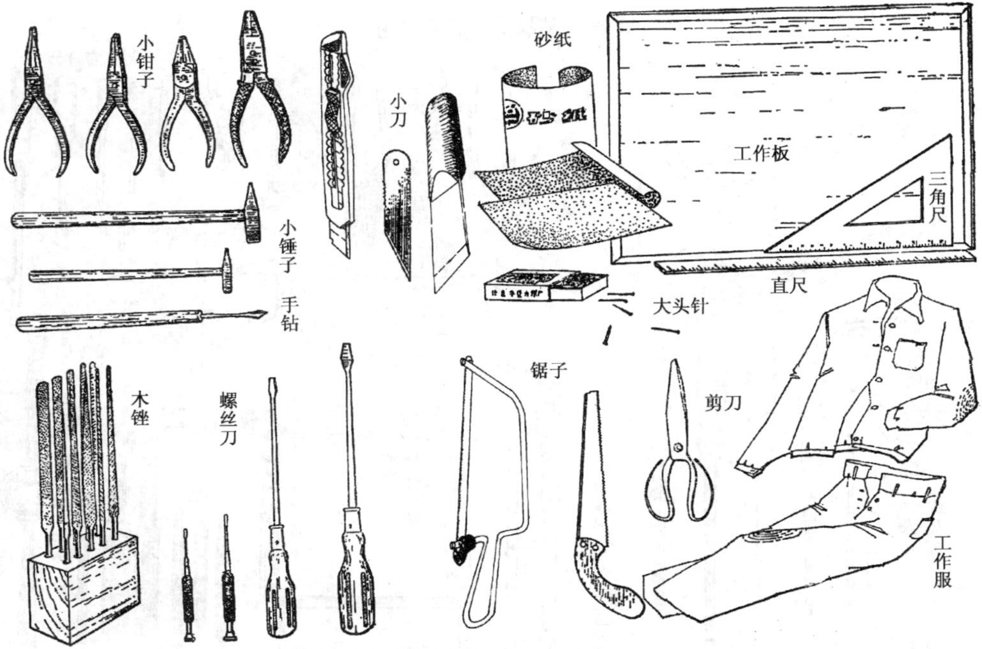

图2-3-1　必备工具

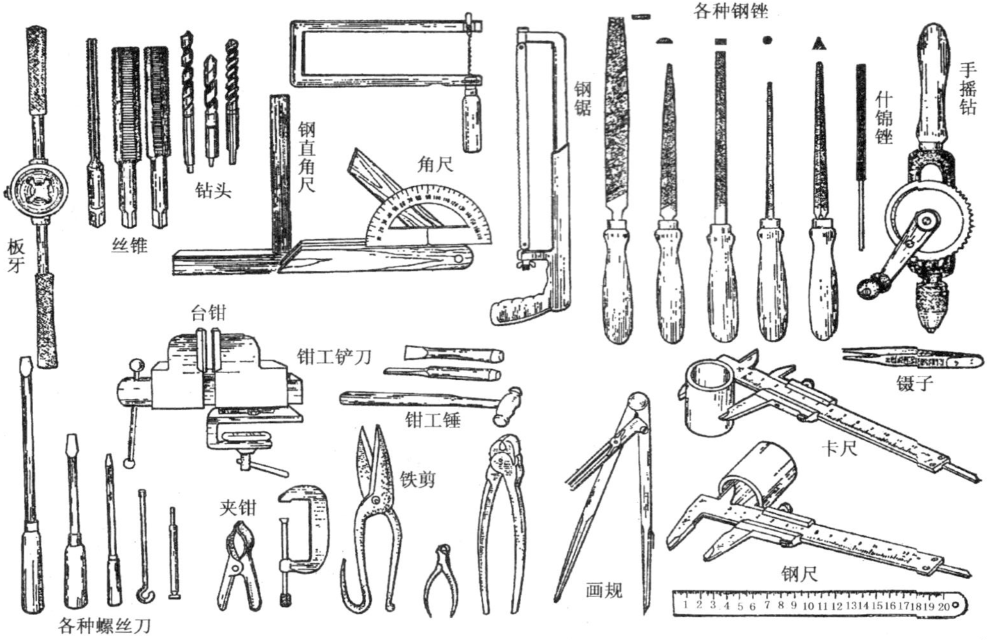
各种钢锉
手摇钻
什锦锉
钢锯
钢直角尺
角尺
钻头
丝锥
板牙
台钳
钳工铲刀
钳工锤
镊子
卡尺
钢尺
1 2 3 4 5 6 7 8 9 10 11 12 13 14 15 16 17 18 19 20
画规
铁剪
夹钳
各种螺丝刀

图2-3-2　进阶级工具(1)

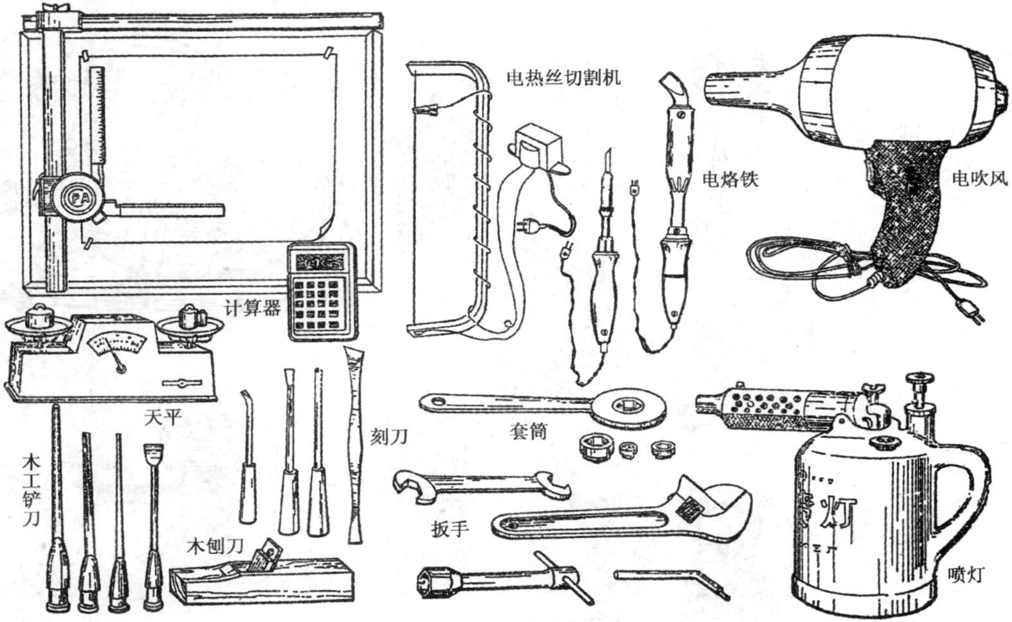

图2-3-3　进阶级工具(2)

（3）小型机械

如果你要成为模型飞机制作的“发烧友”，并有条件建立自己的模型工作室，还可以置备以下各种小型机械：直径 6 毫米手电钻，直径 18 毫米小台钻、约 1 米的小车床、电刨、电锯、电打磨器、角相打磨器、修边机及各种修边用刀具、空气压缩机、喷漆枪、纹钉枪等，如图 2-3-4 所示。

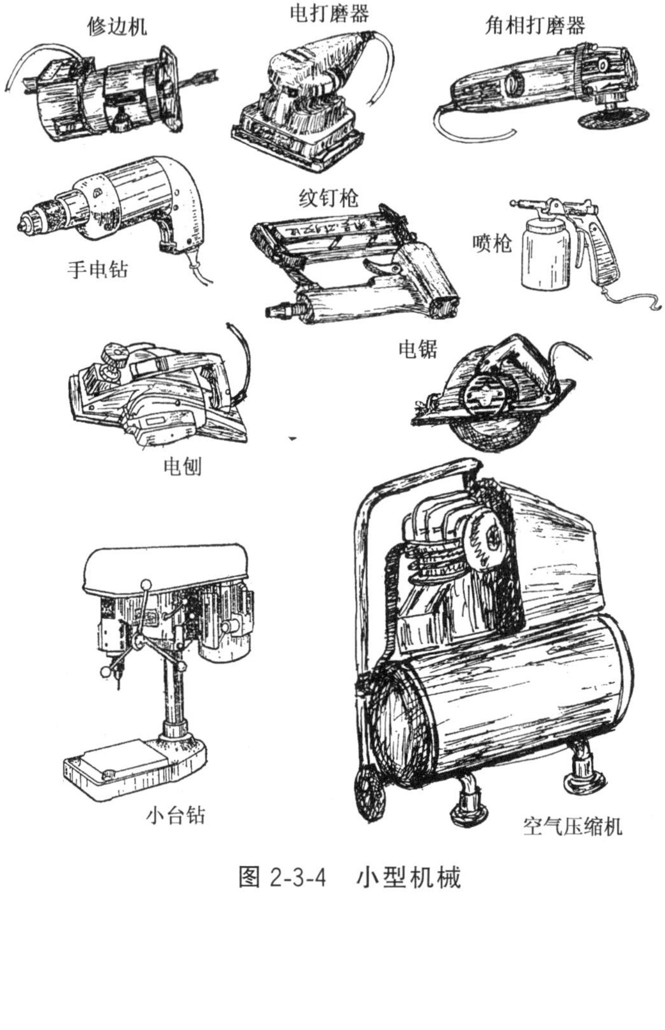

图 2-3-4　小型机械

2. 工具箱

有了工具还得有工具箱，以便使用和保管工具。制作航空模型的工具箱如果是放在室内的，可以做得大一些，见图 2-3-5，它实际上是一个小的工具柜子。如果要携带外出，可以到超市中去购买外形美观一些、内部设计更紧凑、便于携带的工具箱。

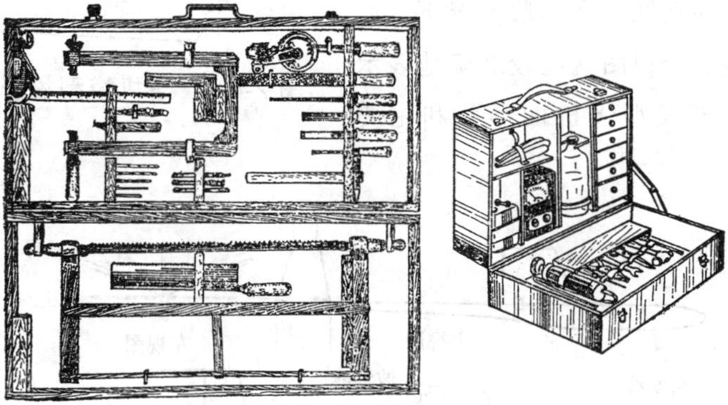

图 2-3-5　工具箱

四、航空模型图纸

航空模型图纸是制作航空模型必不可少的资料。一架模型飞机的设计要求，只有通过图纸才能表达清楚。而要动手制作一架模型飞机，首先必须会看懂模型飞机的图纸，才能根据图纸要求施工。

1. 三视图

把一架处于水平状态的模型飞机，放在相互垂直的三个平面中间，并使机身的纵轴同其中一个平面垂直、同另外两个平面平行，见图 2-4-1。如果我们分别从三个方向且在足够远的地方看模型飞机，并把看到的形状画在每个平面上。也就是在三个互相垂直的平面上作出模型飞机的投影，然后把这三个相互垂直的平面展开，就可以得到图 2-4-2 所示的三个图——主视图、俯视图、左视图。在一般情况下，通过这三个视图就能较准确地表示出一架模型飞机的形状和主要尺寸。

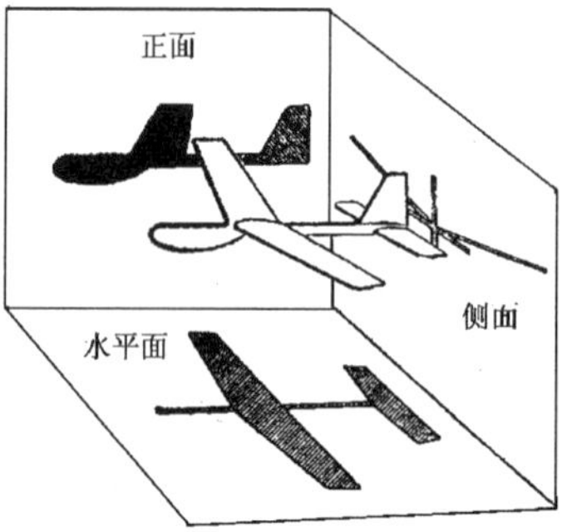

图 2-4-1 飞机模型投影

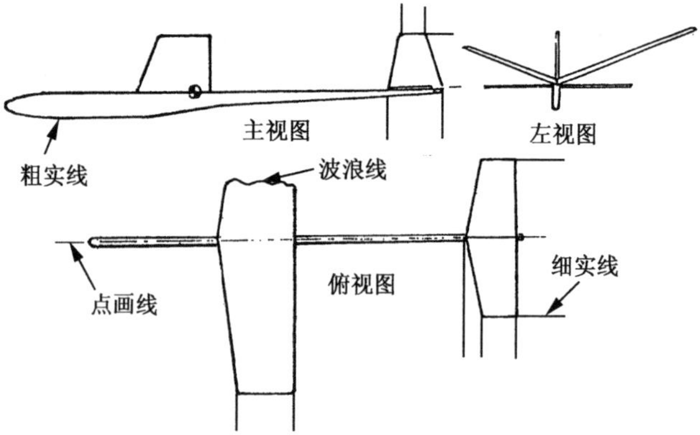

图 2-4-2 三视图

2. 实际使用的模型飞机图纸

实际使用的模型飞机图纸有些地方并不是完全按投影关系绘制的，看图纸时要注意以下这几点：

①在图纸的俯视图中，机翼和水平尾翼的上反角和安装角都被放平了，图上所标的尺寸是机翼和水平尾翼的实际尺寸，而不是它们的投影尺寸。这样既便于绘图，也便于制作，因此，不要

以为上反角和安装角都为零了。在制作时要根据左视图来确定机翼和水平尾翼的上反角，根据主视图来确定机翼水平尾翼的安装角。

②由于绝大多数模型飞机都是左右对称的，因此，在绘制模型飞机的俯视图时，只要把机翼和水平尾翼准确地绘制一半就可以了。看图的时候，不要以为这架模型飞机只有半边机翼和半边水平尾翼。

③在有些模型飞机的图纸上省略了左视图，只标明上反角的大小或只绘一个缩小的前视图。因为左视图只是起表示上反角大小的作用。

④模型飞机的图纸不一定都画成原物大小。它可以按一定的比例放大或缩小，但要在图纸上注明比例。例如，图纸是原物大小的一半，就可以在图纸的右下角标明："比例＝1/2"或者"M＝1/2"。M 就是比例的意思。也有的图纸上绘出一个比例尺来，用图上的比例尺就能方便地量出模型飞机的实际尺寸。

3. 图线与尺寸标注

在模型飞机的图纸上，一般使用国家标准规定的线条和符号。需要说明的是，图纸上没有特别标明单位的尺寸都是以毫米为单位的。

（1）图线

模型飞机的图纸是用各种不同规格的图线画成的，图线的形式、宽度在图形中各自表达不同的含意，为了图样统一、规范和便于看图，模型飞机的图纸都采用国家标准绘制图样，如表 2-4-1 所示。

（2）尺寸的标注

模型飞机图纸中的图形只能表达模型飞机的形状，而它的大小必须通过标注尺寸来确定。

表 2-4-1　图线形成及其一般用途

图线名称	图线形式	图线宽度	一般用途
粗实线	—	b（0.5～2）	表示可见轮廓线
细实线	—	约 b/3	表示尺寸线、尺寸界线、剖面线和引出线
波浪线	～	约 b/3	表示断裂处的界线、视图和剖视的分界线
双折线	—∧/——∧/—	约 b/3	表示断裂处的边界线
虚线	~1　2~6	约 b/3	表示不可见轮廓线
细点画线	~3　15~30	约 b/3	表示轴线或对称中心线

模型飞机各部件的真实大小，应以图样上所注的尺寸数据值为依据，与图形的大小及绘图的准确度无关。

图样中尺寸以毫米（mm）为单位，不需标注计量单位的代号和名称。如果采用其他单位，如角度、弧长等必须注明。

模型飞机图纸中的机件的每一尺寸，一般只标注一次，并标注在反映结构最清晰的图形上。

4. 模型飞机工作图

有了制作模型飞机的图纸，看懂模型飞机的三视图后，还得会按照图纸上的尺寸或比例尺，准确地把组成模型尺寸的各部件描画在绘图纸上或制作模型用的材料上。这样描绘出来 1∶1 的图形就叫模型飞机的工作图，见图 2-4-3。

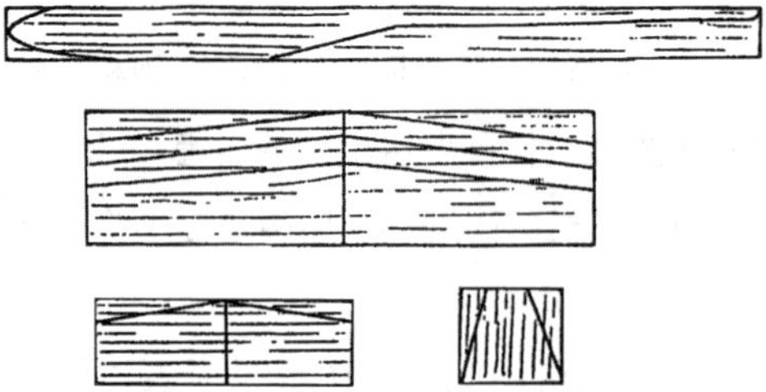

图 2-4-3　模型飞机工作图

第三章 模型飞机的结构

一、决定模型飞机结构的几个因素

最简单的弹射模型飞机是由机身、机翼、尾翼（包括水平尾翼和垂直尾翼）三部分组成的，见图3-1-1。较复杂的模型飞机，除了机身、机翼、尾翼外，还包括发动机和起落架等组成，见图3-1-2。

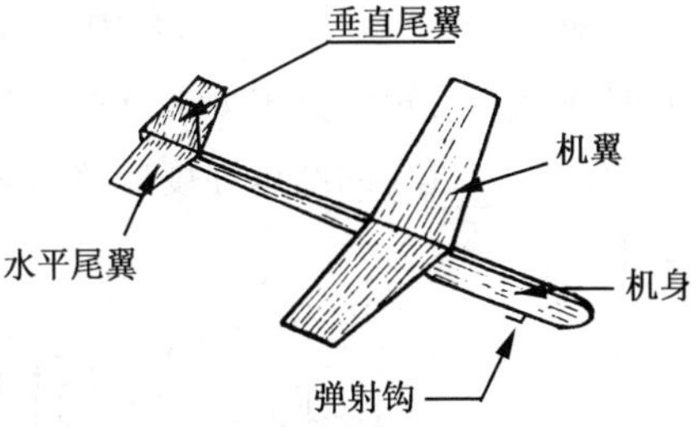

图 3-1-1 弹射模型飞机结构

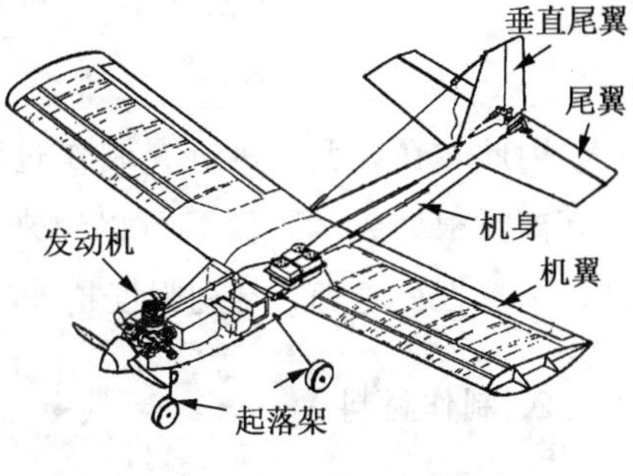

图 3-1-2 模型飞机结构

模型飞机的结构，主要是指机身、机翼和尾翼的结构。当模型飞机的外形选定之后，就要考虑机身、机翼、尾翼等应该采用什么结构才能把这架模型飞机制作出来，使它在各种飞行状况下，具有足够的强度和刚度，不发生损坏，不发生较大形变，而且质量轻、成本低、制作工艺简单等。为了确定模型飞机应该采用哪种结构，需了解与模型飞机的结构有关的因素。

1. 模型飞机承受的作用力

模型飞机的结构同它在飞行中所承受的作用力有关。模型飞机在飞行的过程中，不但受到重力的作用，而且受到空气动力的作用，再加上模型飞机加速度等原因，因此，它承受的作用力是很大的。在正常飞行时，机翼各部分所受到的升力和重力的分布情况如图 3-1-3 所示。这两种力对机翼作用结果，使机翼受到向上翘的弯曲力矩。翼根处的弯曲力矩最大，翼尖处的弯曲力矩最小。显然，机翼的结构强度应该是翼根处最大，向翼尖方向逐渐减小。

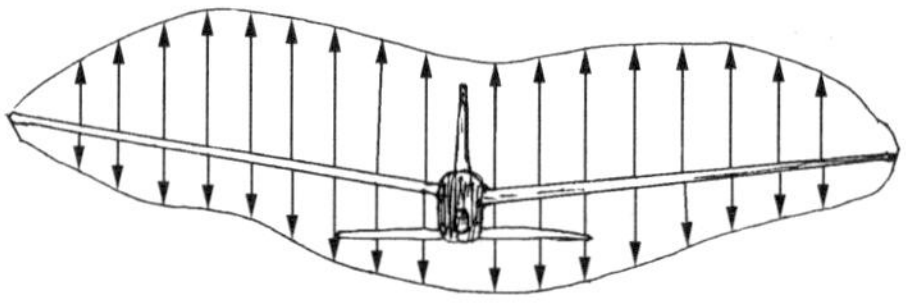

图 3-1-3　机翼受力

因此，在模型飞机机翼制作过程中，翼根处翼梁的宽度最宽，离翼根处越远，翼梁可以越来越窄。翼根处的结构强度要高，离翼根处越远，结构强度越来越低。

2. 制作材料

模型飞机的结构同所用材料有关。模型飞机的结构，在很大的程度上取决于所用的材料。如果使用密度很小的轻木，对小的模型飞机就可以采用整体结构，对较大的模型飞机就可以采用全蒙板的硬壳结构。如果使用密度比轻木大一些的泡桐木，可以采用部分蒙板和构架结合的结构。如果使用密度较大的松木或椴木，就只能采用蒙纸的构架式结构。

如果能将密度较小和强度较大的碳纤片应用于模型飞机的制作，夹层结构就比较理想了。

3. 工艺方法

模型飞机的结构还同工艺方法有关。在决定模型飞机结构的时候，还要考虑制作这种结构所用到的工艺方法。比如要制作构架式模型飞机，就需要掌握切割和黏结木材的工艺方法；要制作全硬壳式机身，就需要掌握双向弯曲木板的方法，或者掌握塑料成型方法。掌握工艺方法，是模型飞机结构得以实现的保证。

二、木结构模型飞机

木结构模型飞机的制作有整体式和构架式两类。整体式是指用整块木板制作机身、机翼的结构形式。构架式是指用加工好的木条和木片制作机身、机翼的骨架，再在骨架外面蒙上棉纸或蒙板的结构形式。在模型飞机制作中，只有弹射、手掷少数小型模型飞机采用整体结构，大多数模型飞机都采用构架式结构。为了保持构架式模型飞机的良好外形，对机翼前缘、后缘、翼尖以至发动机罩等部件，一般用整块或整条木条制成曲面形状。

木结构模型飞机可以做得很轻，刚性也比较好。但这种模型飞机很“脆”，受冲撞后往往造成严重损坏，而且制作也比较麻烦、费工。如能用玻璃纤维环氧树脂对木结构进行局部加强，那将是弥补木结构上述缺点的一种好办法。

1. 机翼和尾翼

木结构的机翼和尾翼，可分为整体式、半整体式、全构架式、全蒙板构架式、局部蒙板构架式等多种，如图 3-2-1 所示。整体式和半整体式常用在一些初级小型的模型飞机上，如弹射、手掷式模型飞机等。全构架式常用在室内模型飞机上。全蒙板构架式常用在国际级项目和遥控模型飞机上，而局部蒙板构架式结构在模型飞机制作中被大量采用。

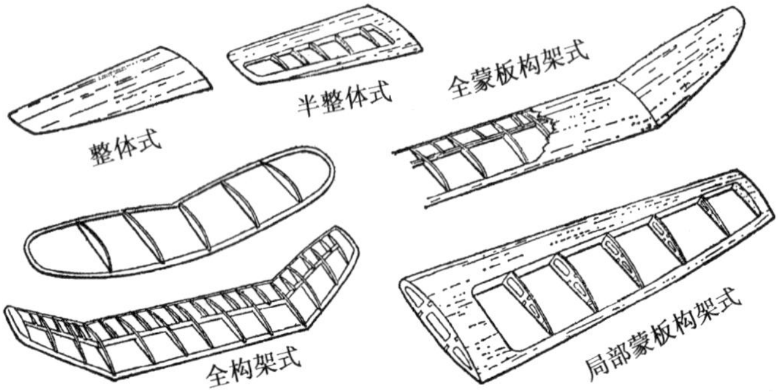

图 3-2-1　机翼和尾翼

典型的构架式机翼结构如图 3-2-2 所示，它包括前缘、后缘、翼梁、翼肋、半翼肋和翼尖等构件。

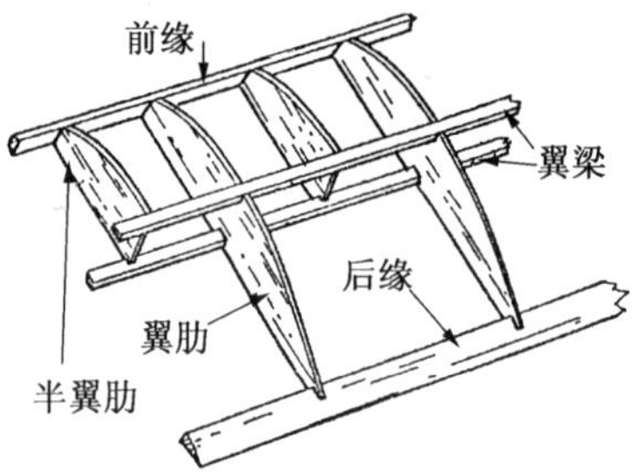

图 3-2-2　构架式机翼结构

（1）翼梁

翼梁是承受弯曲力矩的主要构件，要合理选用材料和采用翼梁结构，使机翼质量小而且有足够的强度和刚度。翼梁的位置最好在机翼的压力中心处，或者在压力中心前一点。

常用的翼梁结构有上下梁、构架梁、槽形梁、箱式梁等几种，如图 3-2-3 所示。上下梁装配简单，质量也最轻，但抗弯强度差，常用在尾翼或翼尖处。构架梁在上下梁之间增加斜支柱，比上下梁强度要大一些，也比较轻，可以用在较小的模型飞机的机翼上。槽形梁在上下梁之间的一个侧面粘有覆板，抗弯强度比较大，槽形梁在模型飞机制作中用得较普遍。箱式梁在上下梁的两侧面都粘有覆板，抗弯强度更大，多用在翼根部位或上反角胶接处。

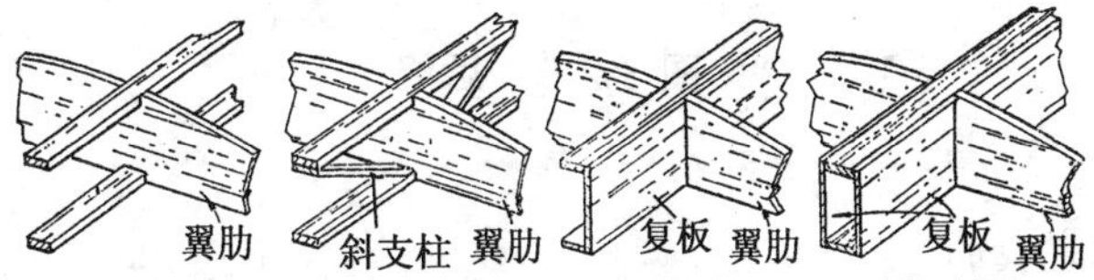

图 3-2-3　翼梁

为了适应翼根处结构的强度要求高，远离翼根部位结构强度要求低的情况，可以把翼梁制作成梯形的，翼梁根部最宽，然后逐渐变窄，到翼尖处最窄。

翼梁同翼肋黏合的时候，要注意齐平，翼梁不要高于翼肋，也不要低于翼肋。

（2）前缘和后缘

前缘、后缘同翼肋一起构成机翼的外形。它们也能承受一部分弯曲力矩。常用的前缘和后缘结构如图 3-2-4 和图 3-2-5 所示。它们一般用桐木制作，在装配之前要加工成形。

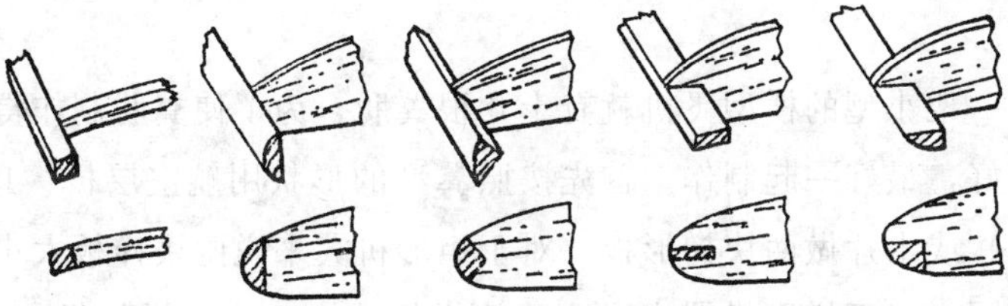

图 3-2-4　前缘

图 3-2-5　后缘

（3）翼肋

翼肋作用是把前缘、后缘和翼梁连接起来。它的外形决定了机翼断面（翼型）的形状。常用翼肋形状见图 3-2-6。有些翼肋把中间部分挖空是为了减轻质量。有些机翼除了装有整翼外，还装有半翼肋或斜翼肋，是为了保持机翼前半部的形状，避免蒙皮下陷。

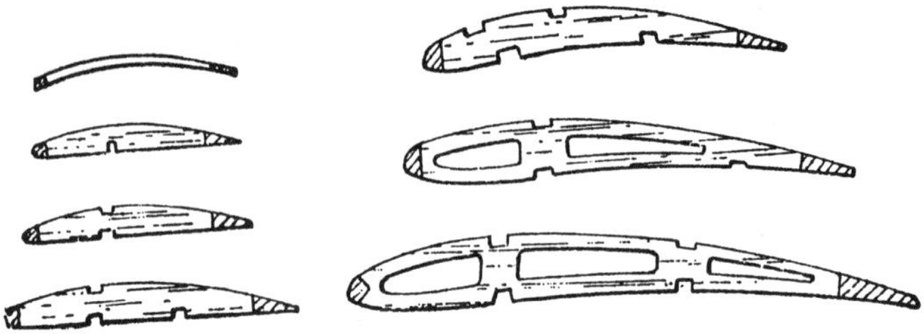

图 3-2-6　翼肋

一架小型的模型飞机就有十几根翼肋，为了使翼肋制作得又快又好，最好一起制作。首先按照翼型的形状用航空层板（1 毫米厚）或木片做两块梯形板。对于矩形机翼来说两块样板大小完全相同；对于梯形机翼来说，两块样板一大一小。样板做好后，视翼型的大小在它们上面钻 2～3 个小孔，用细钢丝分别穿入前样板孔中；再把做翼肋的木片穿在一起，然后穿入后样板，如图

3-2-7 所示。夹紧后，用小刀削去木片多余部分，然后用木锉锉平齐，如图 3-2-8 所示，再用砂纸打磨光滑。整体形状锉好后，再开挖翼梁槽口并切去安装前缘和后缘的部分。最后把做好的翼肋顺序编号备用。

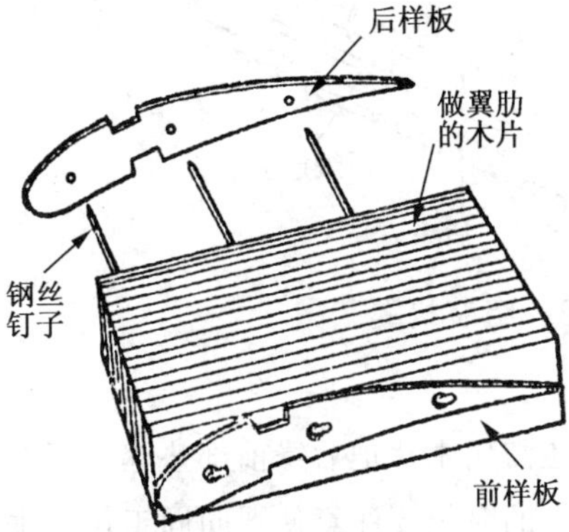

图 3-2-7　做翼肋片

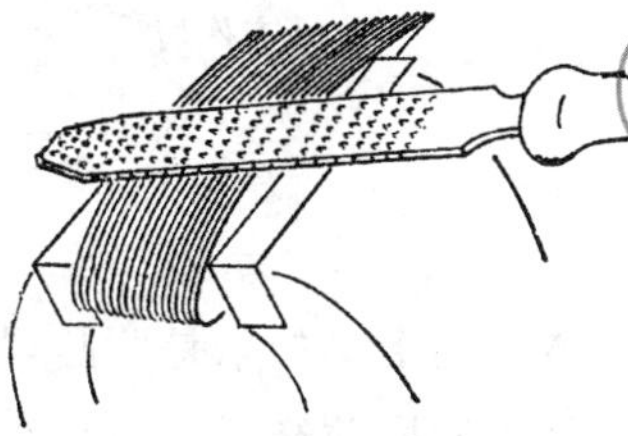

图 3-2-8　锉翼肋片

（4）翼尖

图 3-2-9 所示是常见的几种翼尖的结构形式。

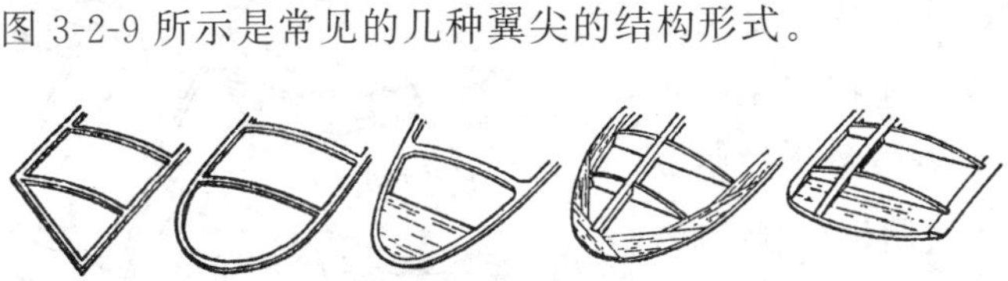

图 3-2-9　常见的翼尖

（5）机翼的组装

组装机翼要绘制 1∶1 的图纸，也叫工作图。组装的方法可以参考图 3-2-10。首先把图纸固定在工作板上，用小钉子先把前缘定位木条和后缘定位木条固定好，再把前缘和后缘紧紧定位在

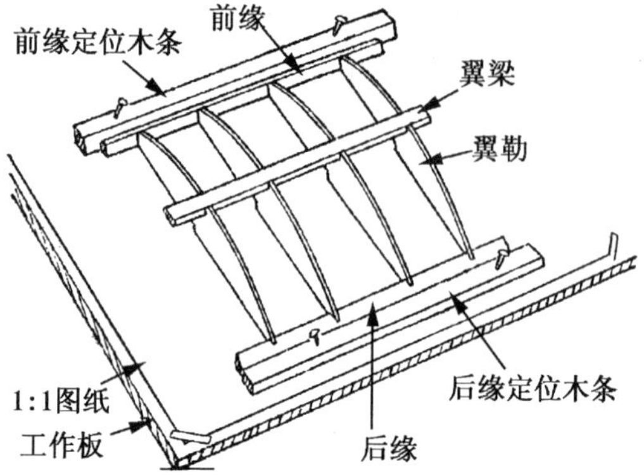

图 3-2-10　组装机翼

木条边上。如果是凹凸翼型，还需用木片把后缘前部垫起，逐个把翼肋同前缘和后缘黏合。黏合的时候要注意使翼肋同工作板垂直，然后再黏合上梁，等干固后翻过来再黏合下梁。

（6）上反角接头

机翼中段和翼尖段分别组装好后，要用上反角接头连接起来。上反角接头要用比较坚韧的小木块制作。制好后，先把它插入机翼中段上下翼梁之间，如图 3-2-11 所示，并用胶水粘牢。然后把翼尖段翘起，让翼尖段上下梁套在上反角接头的另一头，注意翼尖段和机翼中段的前缘、后缘要对齐，用胶水粘牢。为了更加牢固，在上反角接头两侧都粘上覆板，并在前、后缘、上下梁处粘上三角形加强片，如图 3-2-12 所示。

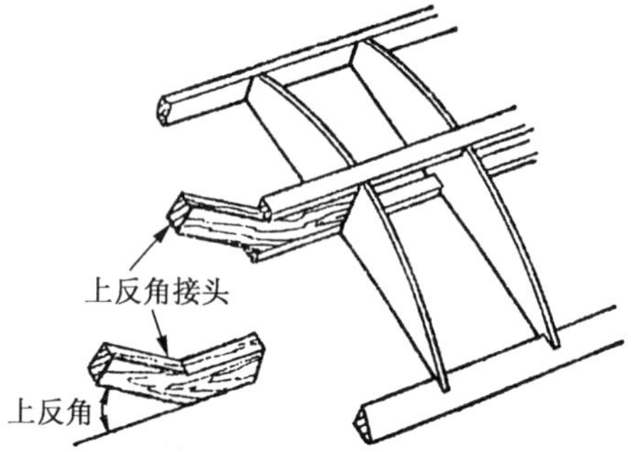

图 3-2-11　安装上反角接头

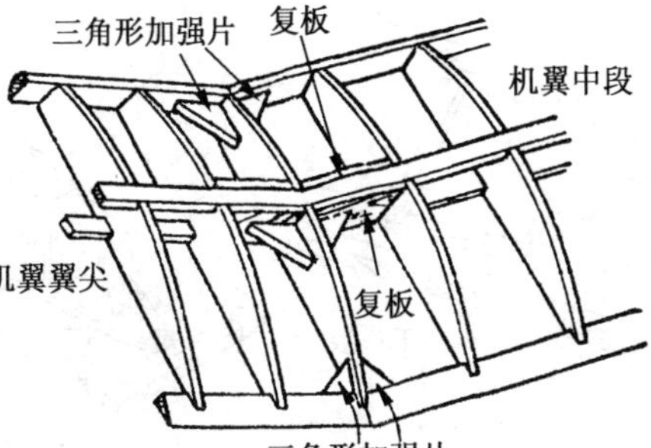

图 3-2-12　安装加强片

2. 机身

木结构模型飞机机身，可以分成杆身和舱身两种。杆身由单根木料构成，一般在简易的小模型飞机上使用这种结构。舱身又分成构架式、硬壳式和薄壳式三种。

(1) 构架式舱身

这种舱身质量轻，但强度较差。它的典型结构如图 3-2-13 所示。其中斜支柱能增加机身的强度和抗扭能力。安装这种机身时要先制作、安装两侧面构架，如图 3-2-14 所示。为了使左右两侧面构架做得完全相同，可以把两个构架叠起来制作，制作好后再分开。侧面构架装好后，再按图 3-2-15 作最后组装。

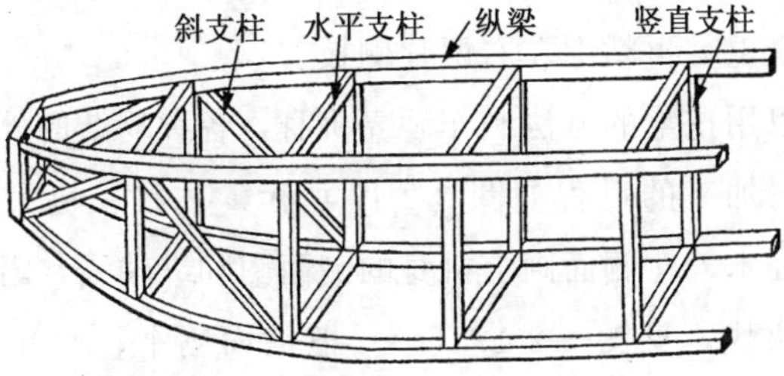

图 3-2-13　构架式舱身

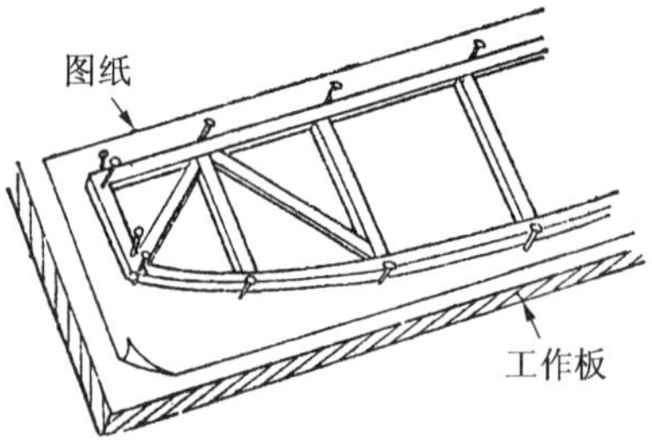

图 3-2-14　侧面构架

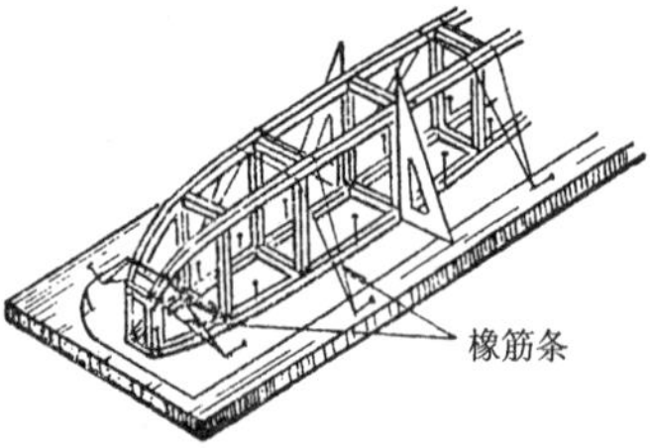

图 3-2-15　组装舱身

构架机身的断面除了上面的以外，还有三角形、圆形、椭圆形等多种形状。

（2）硬壳式机身

这种机身加工容易、强度较大，但质量也较大，一般用在机身很细的模型飞机上。图 3-2-16 是硬壳式机身的典型结构。制作的时候，先用桐木片按照侧面形状加工出左右两片侧板，按照上下形状加工出上下两片。然后用 4 根三角形加强木条粘在上下两片内侧边缘上，再粘上左右两片侧板。

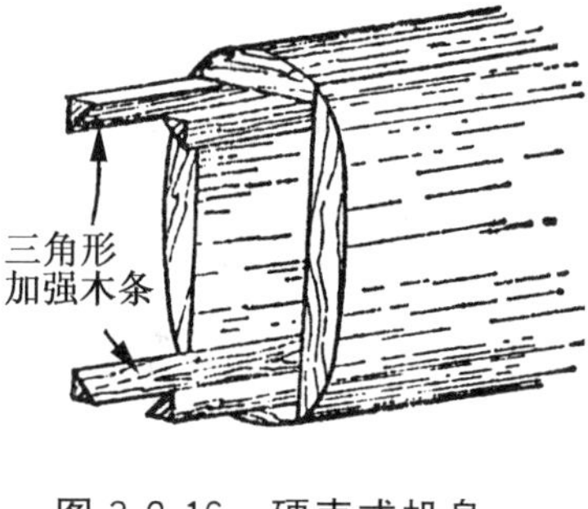

图 3-2-16　硬壳式机身

还可以用挖空的方法制作硬壳机身，各种复杂的外形都可以制作出来。加工的过程如图 3-2-17 所示。先找一块大小合适的桐木或者轻木，在侧面画上机身的侧面图和纵轴线，沿纵轴线把木块锯成两块，见图 3-2-17（a）。把锯面刨平，并涂上几滴胶水，把上下两块重新粘成一个整体。然后按照侧面图加工出机身的上下表面毛坯，见图 3-2-17（b）。再把机身平面图画在机身上下表面，加工出两侧表面毛坯。再细加工机身，并用机身各段外形样板检查外形，见图 3-2-17（c）。外形加工好后，从锯缝处再分开成上下两块，用挖刀挖去机身心部，见图 3-2-17（d）。最后把机身的上下两半合在一起粘牢，见图 3-2-17（e），这样，硬壳机身就做成了。

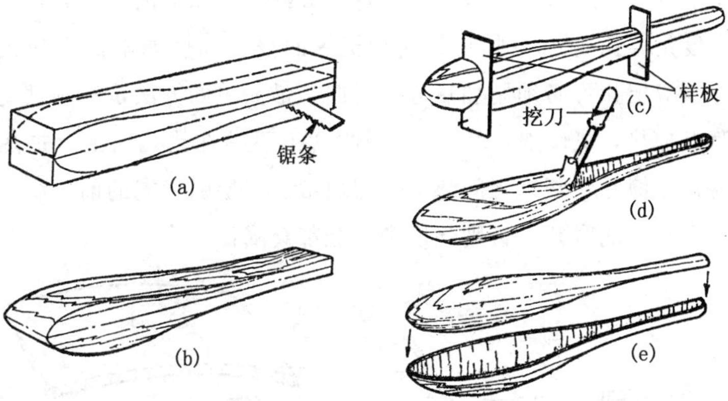

图 3-2-17　加工硬壳机身

三、塑料结构模型飞机

塑料作为制作模型飞机的材料，具有制作简便、质量轻、强度大等优点。

1. 机翼和尾翼

（1）聚苯乙烯泡沫塑料吹塑料纸整体机翼和尾翼

利用吹塑纸可以制作一些小型的模型飞机的机翼和尾翼，它们的机翼翼展一般应在 1 米以内。应使用 1 毫米厚的吹塑纸，每平方米 0.8～1 克。它有一定的强度，可以直接制作机翼和尾翼。比较典型的结构有以下几种：

①单层平板翼和双层平板翼，见图 3-3-1。单层平板翼只能用在翼展 200 毫米以下的小型模型飞机上。双层平板翼强度稍大于单层平板翼，但机翼也不能制作得太长，翼展也只能在 300 毫米以下。

②单层弧形翼和双层弧形翼，见图 3-3-2。单层弧形翼可以用加热或冷弯方法制成。最大弯度大约在翼弦的前 1/3 处，最大高度是翼弧 1/20～1/10。这种机翼的强度和性能都比平板机翼好。双层弧形必须用加热方法弯曲。最简单的方法是在圆铁皮烟筒上加热，见图 3-3-3。为了使吹塑纸不粘在热烟筒上，加热时要在烟筒和吹塑纸之间垫上一层白纸。双层弧形翼的前后缘必须粘牢，不能脱开，否则强度和性能都会降低。

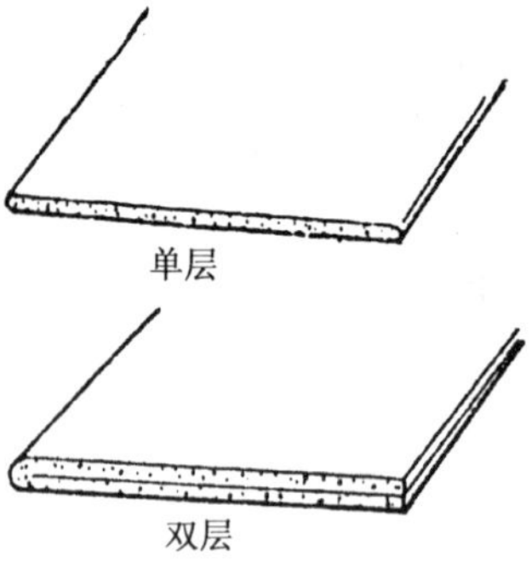

图 3-3-1　平板翼

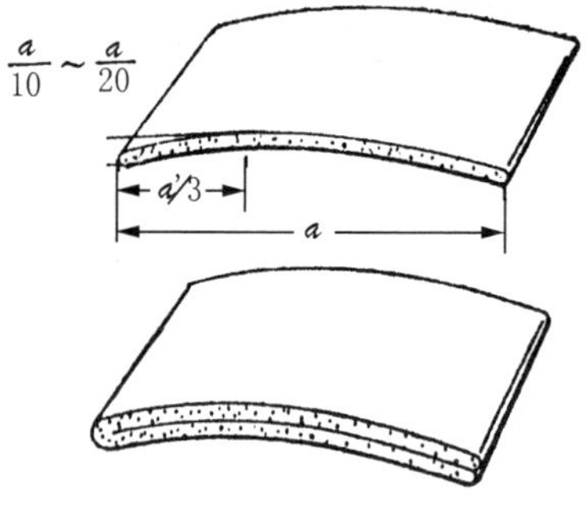

图 3-3-2　弧形翼

③双层弯折机翼，见图 3-3-4。这种机翼的性能和弧形翼差不多，但加工容易一些，只在翼弦的 1/3 处加热弯折就行，弯折后的最大高度大约为翼弦的 0.08。这种机翼强度较大，用在初级滑翔机上效果比较好。

④加强机翼。为了增加强度，可以在吹塑纸机翼上进行加强处理，图 3-3-5 是加强吹塑纸机翼的几种方法，一般是加木片

梁。如果在双层弧形机翼里加木片梁，翼展可以做到 500～600 毫米。如果加立梁，做成厚翼型机翼，强度就会更大一些，可以制作翼展大于 1 米的模型飞机。也可以用刚性好、质量轻的竹丝和细钢丝来加强，加在机翼前缘或 1/3 翼弦处。

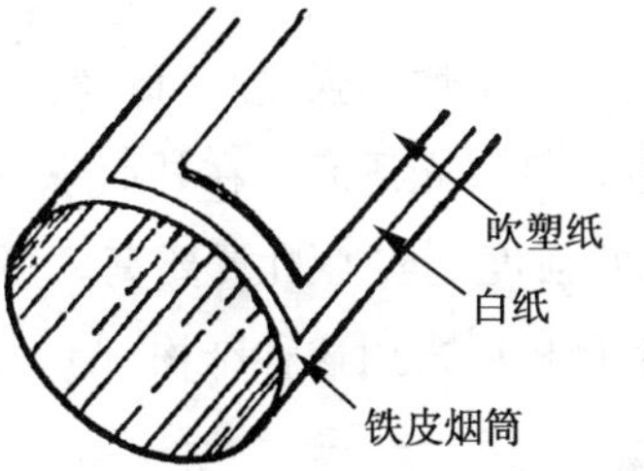

图 3-3-3　热弯法

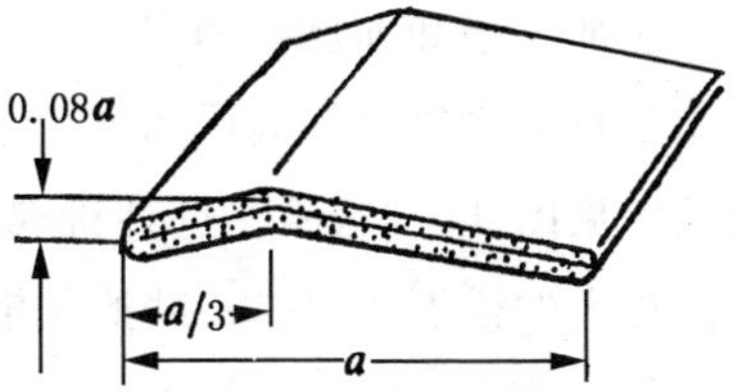

图 3-3-4　弯折翼

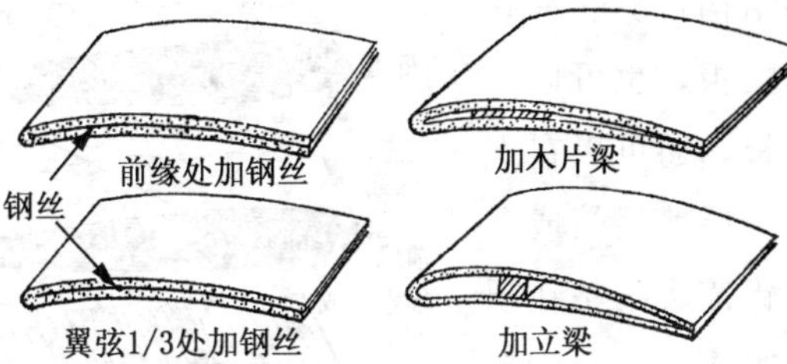

图 3-3-5　加强机翼的方法

（2）硬泡沫塑料的整体结构和夹层结构的机翼和尾翼

这种结构可以制作翼展 1 米以下的模型飞机，也可以制作翼展很大的模型飞机。甚至有些载人的小飞机也用这种结构制作。

典型的硬泡沫塑料结构机翼有以下几种：

①最简单的平板翼。它的翼面是简单的平板型，厚度为翼弦的 5%～8%。前缘磨成半圆形，后缘磨成尖角形。打磨光滑后在外面蒙一层棉纸，见图 3-3-6（a）。这种翼可以制作较小的模型飞机或一些模型飞机的尾翼。

②实心机翼。这种机翼用硬泡沫塑料制作．按照样板，把硬泡沫料切割下来，打磨光滑后在外面蒙一层棉纸就可以了，见图3-3-6（b）。为了保证强度，常常选用厚度比较大而展弦比不大的梯形机翼。这种结构多用在小型的初级遥控模型飞机或电动模型飞机上。

③加翼梁和前后缘的实心机翼。为了增加强度，可在实心硬泡沫塑料的机翼上加翼梁和前后缘，打磨光滑后，在外面蒙一层棉纸，见图3-3-6（c）。这种机翼的强度比实心机翼要高，可以制作较大的模型飞机。一些遥控滑翔机就采用这种结构。

④外面蒙板的实心机翼。这是一种典型的以硬泡沫料为夹层结构机翼。最好用轻木片作蒙板，也可以用桐木片作蒙板，还可以在木板外面蒙上一层薄铅箔或者用树脂胶把铝箔直接粘在硬泡沫料上，见图3-3-6（d）。这种机翼多用在遥控特技模型飞机、遥控滑翔机上。

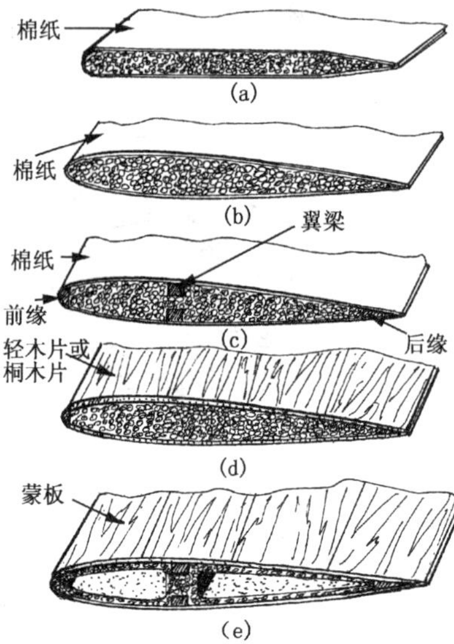

图 3-3-6　硬泡沫塑料机翼和尾翼

⑤空心机翼。为了减轻质量和腾出空间安装操纵机构，往往把硬泡沫塑料机翼分前后两部分挖空，然后加梁和后缘，或者蒙板，这种机翼一般用在大型模型飞机上，见图3-3-6（e）。

⑥用玻璃布局部或全部加强实心机翼。用环氧树脂胶涂刷几层玻璃布，干固后就成了玻璃钢。这种机翼制作简单，强度较大，维修方便，几乎可以适用于各类模型飞机。用玻璃布在泡沫

塑料机翼上加强也是常用的制作方法，只不过它只是在翼根处、前后缘及梁位置蒙上几层作为局部加强。

2. 硬泡沫塑料机翼的加工方法

加工硬泡沫塑料的简便方法是使用电热切割锯熔割。电热切割锯可以自制，如图 3-3-7 所示。用一根竹片做锯弓；找一段电炉上用的直径约为 0.2 毫米的电热丝做锯条，把锯条装在锯弓上；再找一个初级 220 伏、次级 12 伏的电源变压器（如果有可调压的变压器更好）给电热丝提供 12 伏低电压交流电。低压电源的一根导线通过铜片同电热丝的一端连接，另一根导线通过鳄鱼夹夹在电热丝上面。调整鳄鱼夹的位置，就可以改变通过电热丝中的电流，从而控制电热丝的温度。电热丝的温度要适当，温度太低，不能熔割；温度太高，熔割质量难以保证。正式熔割硬泡沫塑料之前要做试验。

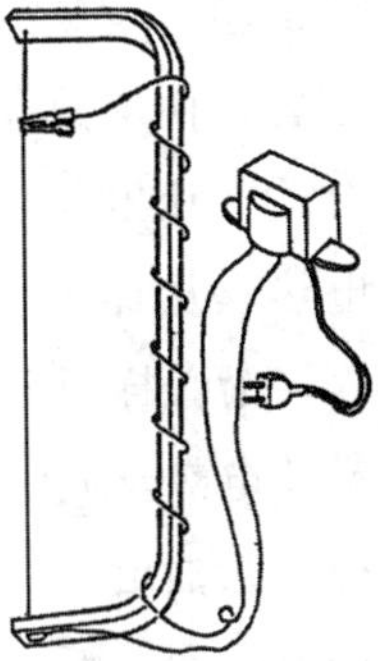

图 3-3-7　电热切割锯

用电热切割锯加工硬泡沫塑料机翼的步骤如下：

（1）做样板

找两块厚约 0.5 毫米的铝片（或胶木板或航空层板），做两块翼型样板，如图 3-3-8 所示。样板的边缘要打磨光滑，不能有毛刺和缺口。样板上下弧要留出 0.5 毫米的加工余量，前缘和后缘处要留出 2 毫米的加工余量，上下弧分成 10 等分，并从前到后标明号码。

（2）熔割上下弧

先用钉子把两块样板固定在硬泡沫塑料的两端。注意两端样板翼弧线一定要对齐，否则熔出来的机翼会是扭曲的。然后给电热切割锯通电，用同样的硬泡沫做试验，调整鳄鱼夹的位置，使电热丝的温度合适。让电热切割锯的电热丝从样板前缘处割入，沿着样板上边缘慢慢推进，见图 3-3-9。在推进过程中，要尽量使电热丝同时到达两端样板的相同号码处。最后，电热丝从样板后缘抽出，机翼上弧就熔割完毕，见图 3-3-9（b）。下弧的熔割方法和上弧的相同。

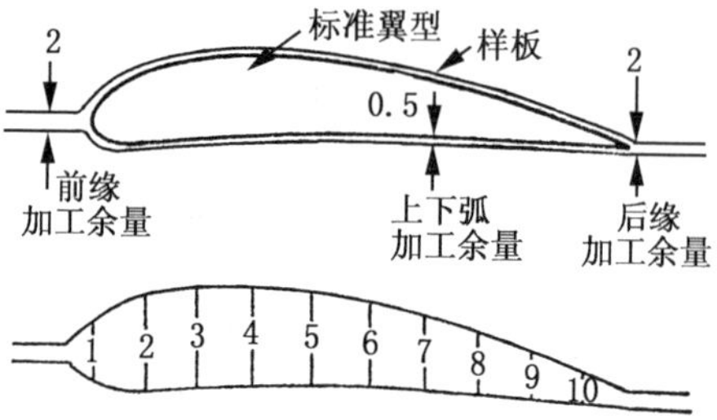

图 3-3-8　做样板

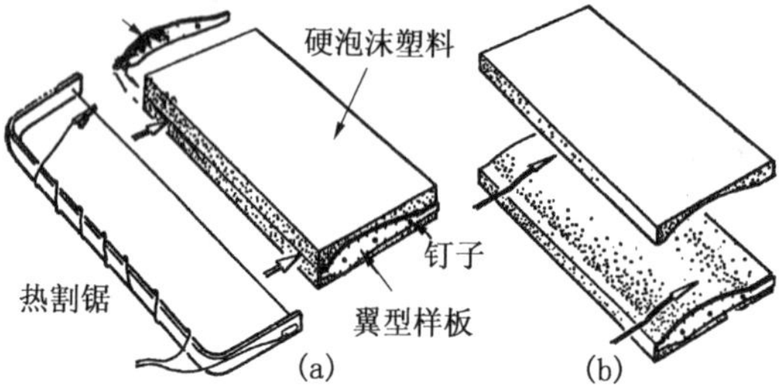

图 3-3-9　切割硬泡沫塑料

（3）磨光

打磨的过程如图 3-3-10 所示。打磨硬泡沫塑料要用细砂纸。打磨时在砂纸上垫上一块平木块，动作要轻，并随时抖掉磨下来的硬颗粒，以免划伤机翼表面。注意打磨量要适当，以保证翼型的准确性。初步打磨光滑后，可以用酒精漆片溶液作涂料，涂刷 2～3 次，使表面形成一薄层，待涂料干透后再打磨光滑。

（4）机翼的连接和局部加强

图 3-3-10　打磨

左右机翼可以用插板或插销连接起来，如图 3-3-11 所示。连接的时候，可以使用白胶或树脂胶等黏合剂黏结。粘牢后，在机翼的前缘、后缘和翼根处，可以用玻璃布加强。然后蒙上棉纸，再用细砂纸打磨光滑，最后喷上漆。这样，硬泡沫塑料机翼就制作好了。

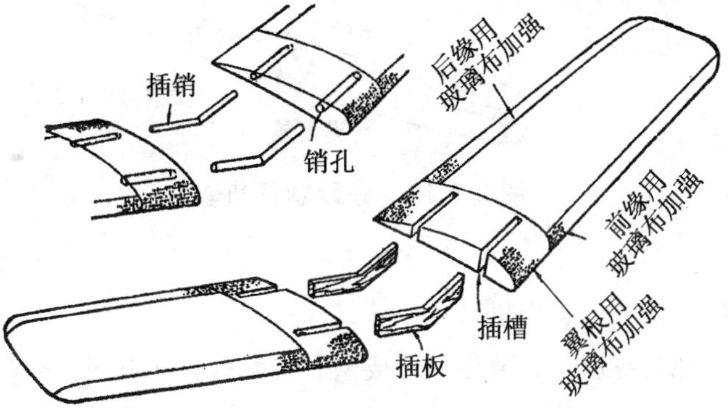

图 3-3-11　机翼连接

3. 机身

(1) 硬泡沫塑料的整体机身

对于小型模型飞机，可以用硬泡沫塑料制成矩形断面的整体机身。这种机身也可以用电热切割锯成形，和制作机翼的方法基本上相同。首先制作两块顶面样板和两块侧面样板；然后用热割锯照侧面样板熔割顶面和底面，再照顶面样板熔割左右侧面；最后进行磨光和表面处理。这种机身可以用在小型模型飞机上。

（2）硬泡沫塑料分段制作机身

对于较大的圆形或椭圆形断面的机身，可以分段制作，如图3-3-12所示。各段在加工过程中，分别用剖面外形样板检查机身外形。各段制作好后，再用插板或者插销连接，用白胶或其他黏合剂粘牢。最后进行磨光和表面处理。这种机身可以用在大型模型飞机上。

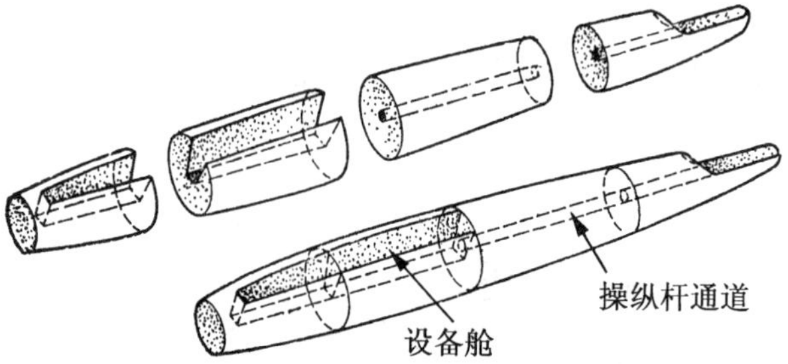

图 3-3-12　分段制作机身

（3）塑料薄板壳机身

这种机身用塑料薄板热压成型，成本低，适合制作一些像真模型飞机的座舱盖和小型模型飞机的机身。压制机身的塑料薄板可以采用 PVC 或 ABS 板材。这种机身可以自制，制作的过程如图 3-3-13 所示。

①用木材制作机身阳模。

②找一块木板，照机身侧面投影大小挖空。空洞的边缘要打磨光滑。

③找适当厚度的塑料薄板（机身 200 毫米长的，可用0.13～

0.18 毫米厚的；机身 300 毫米长的，可用 0.2～0.25 毫米厚的；机身 500～800 毫米长的，可以用 0.5～0.8 毫米厚的），把它固定在挖空的木板上，然后放在液化气灶上或用电风吹加热，使塑料板软化。

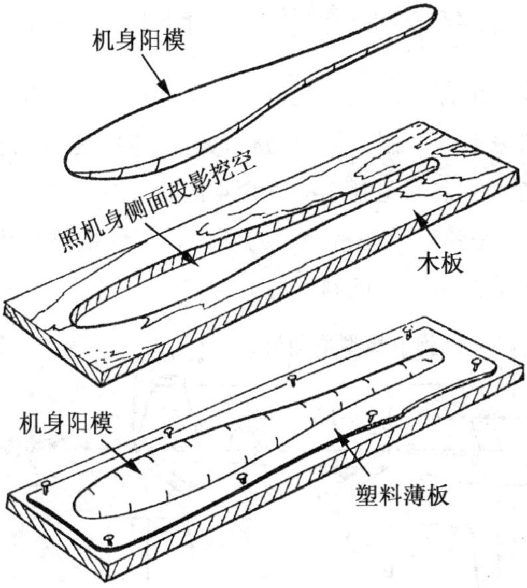

图 3-3-13　塑料薄板制作机身

④把机身阳模压在软化了的塑料薄板上，使它成形。冷却后取出阳模，机身一个侧面就制成了。

⑤把挖空的木板翻过来，使用另一侧机身阳模，用同样的方法制作机身的另一个侧面。

⑥把左右两侧面机身黏合起来，整个机身制作就完成了。

第四章　简易模型飞机制作

一、木结构弹射模型滑翔机制作

弹射模型滑翔机是模型飞机中结构最简单的模型飞机。它用料少，材料来源广，制作简单易行，对放飞的场地要求不高，因此，深受初学航空模型制作的青少年的欢迎。

图 4-1-1 是弹射模型滑翔机的图纸，下面以这架模型飞机为例，介绍木结构模型飞机制作的方法。

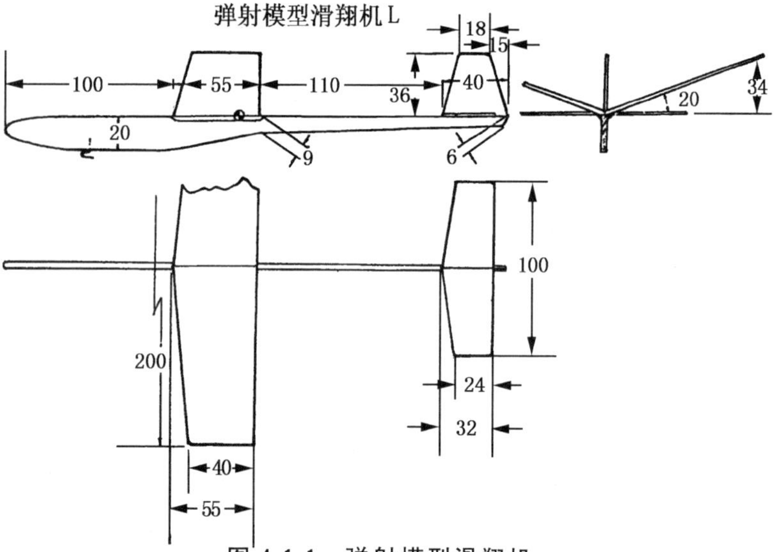

图 4-1-1　弹射模型滑翔机

1. 制作材料

机翼：3 毫米×55 毫米×200 毫米桐木片 1 片；尾翼：1 毫米

×32 毫米×100 毫米、1 毫米×40 毫米×36 毫米桐木片各 10 片；机身：3 毫米×20 毫米×303 毫米桐木片 1 片。大头针、快干胶或白胶少许，弹射橡筋若干，弹射手柄（300 毫米长圆木棒）1 根。

2. 机翼制作

使用 3 毫米×55 毫米×200 毫米的桐木片，按图纸的要求，在木片上画好机翼的外形，再把画好图的木片边缘多余部分，用小刀切去。注意，只能切到线的边缘，不能把线切掉，如图4-1-2 所示。

加工好外形后，还要把砂纸平放在桌面上，把机翼切削不平整的边打磨平滑，见图 4-1-3。

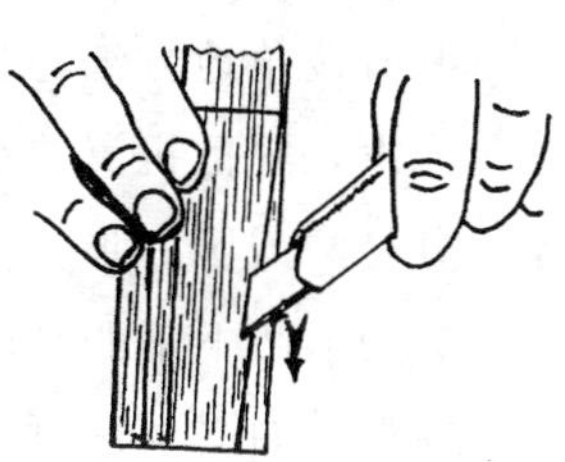

图 4-1-2　切割机翼

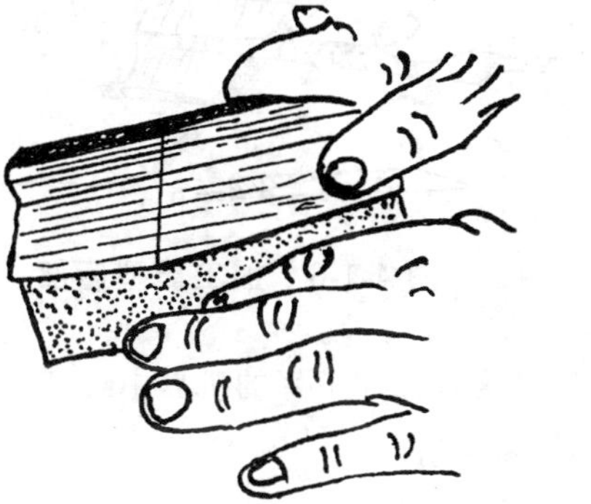

图 4-1-3　打磨边缘

加工好机翼的外形才是第一步，从加工好的机翼往翼尖看，机翼还没有翼型，见图 4-1-4。而要使机翼能产生更大的升力就要把翼型加工好，还要用锉刀加工机翼的翼型。

加工机翼翼型前弧：把机翼前面大约 1/5 的部分用锉刀锉斜，前缘锉至原来厚度的 1/3，即约 1 毫米，见图 4-1-5。

加工机翼翼型后部：把机翼后面 2/3 部分全部锉斜，后缘留

0.5 毫米即可，见图 4-1-6。

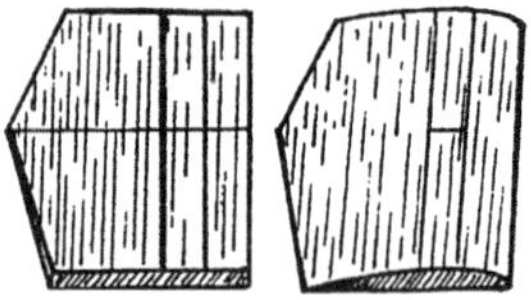

图 4-1-4　机翼初型

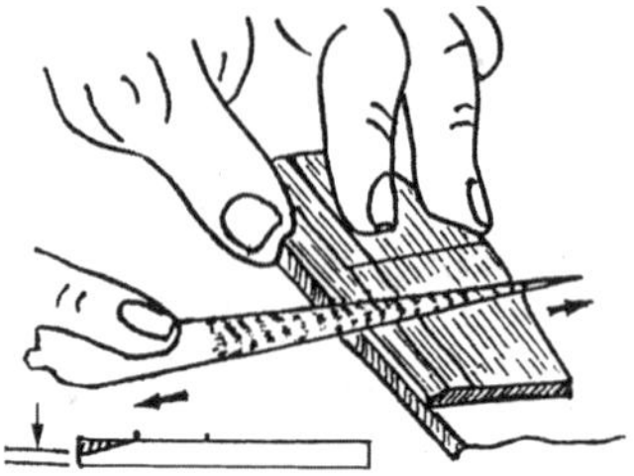

图 4-1-5　加工翼型前弧

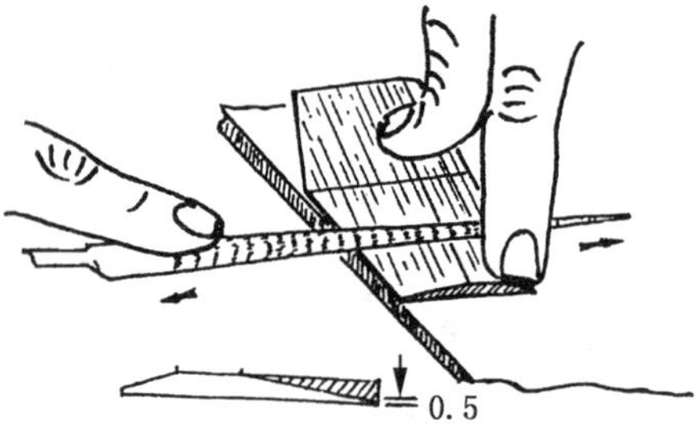

图 4-1-6　加工翼型后部

流线型加工：用 0 号砂纸，将机翼上表面被锉刀加工过、较粗糙和有棱角地方细心打磨光滑，并把机翼前缘部分打磨成圆弧形，使之成为上凸下平的平凸型翼型，如图 4-1-7 所示。

这时，加工好的机翼中线已被磨掉，应重新画好中线，如图 4-1-8 所示。

图 4-1-7　打磨

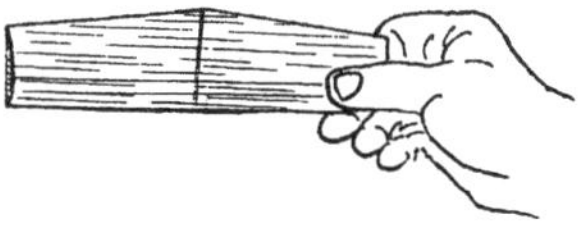

图 4-1-8　重新画中线

把手工锯平放在中线上，来回拉锯子，注意不要锯断，把锯缝朝亮处看，会透光即可，见图 4-1-9。

最后，将白胶填满锯缝，把机翼一边向上折起，用一根小木棒撑在一边机翼的翼尖处，见图 4-1-10。这时可以用量角器测量上反角角度，也可以用直尺测量上反角翼尖到工作板的高度看是否符合要求。

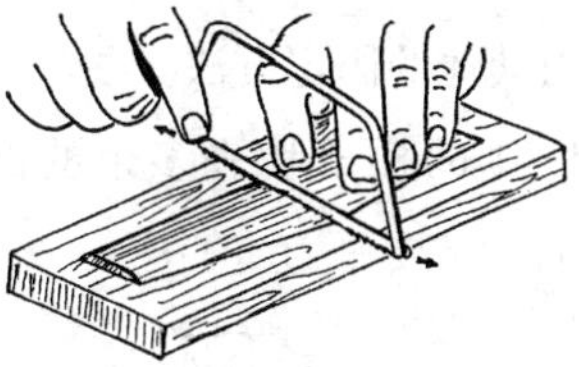

图 4-1-9　锯划中线缝

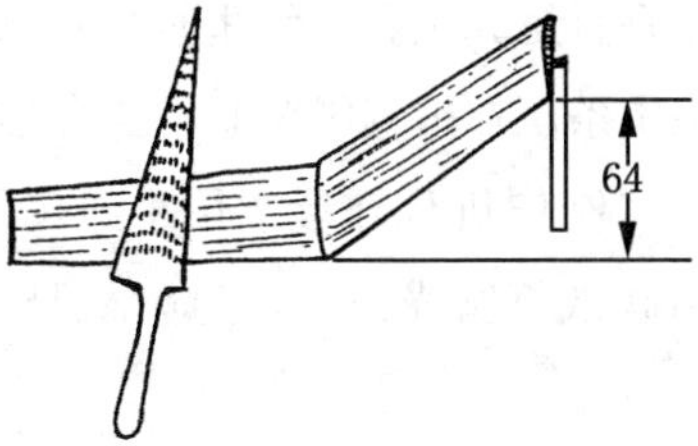

图 4-1-10　折胶机翼

3. **尾翼与机身制作**

尾翼包括水平尾翼（用 1 毫米×32 毫米×100 毫米木片）和垂直尾翼（1 毫米×36 毫米×40 毫米木片）。两块木片分别按图纸要求，画上水平尾翼与垂直尾翼外形。机身使用 3 毫米×15 毫米×300 毫米木条，也按图纸要求画上机身外形。其制作过程如下：

水平尾翼的制作：由于制作水平尾翼的桐木片只有 1 毫米厚，因此不能用刀子切削，只能用尺子和刀尖刻划，见图 4-1-11。注意刻划的方向如图中黑色箭头所示，否则，会损坏水平尾翼。

垂直尾翼的制作：由于制作垂直尾翼用的材料规格同水平尾翼一样，因此刻划方法相同，但刻划方向要注意，见图 4-1-12。

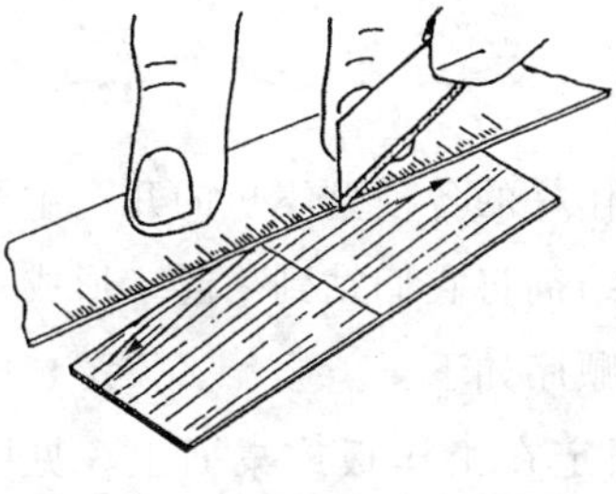

图 4-1-11　制作水平尾翼

图 4-1-12　制作垂直尾翼

把加工好外形的水平尾翼和垂直尾翼用 0 号砂纸把边角打磨光滑，然后顺着水平尾翼的中线涂上胶水，将其平放在桌面上；接着，把垂直尾翼顺着中线垂直放在水平尾翼上，见图 4-1-13，最后用一根木条压在垂直尾翼上。当然也可采用其他的固定方法。

制作机身外形：用小刀按图 4-1-14 的样子切去多余的部分，用砂纸打磨光滑。注意，机身的上部一定要平直。

图 4-1-13　粘接尾翼

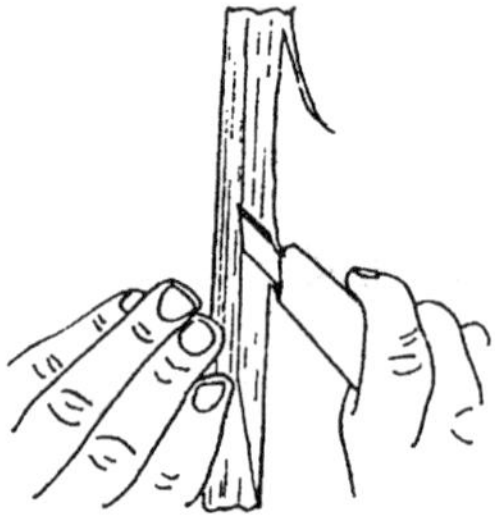

图 4-1-14　制作机身

在安装机翼的地方，用小刀刻一条 V 形槽，见图 4-1-15。刻的方法同上所述。槽口的深度和宽度都要和机翼上反角吻合，否则会给装配带来麻烦。

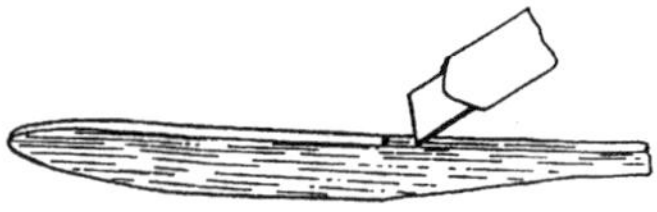

图 4-1-15　机身刻槽

4. 弹射模型滑翔机总装配

模型飞机的总装配，就是把制作好的各模型飞机的几个主要部件如机身、机翼、尾翼等，用黏结剂将它们粘到一起，形成一个整体。弹射模型飞机总装配操作顺序如下：

把机身用几根大头针垂直地固定在工作板或桌面上，见图 4-1-16。在机身尾部上面画一条中心线，涂上胶水，把尾翼用胶水粘上，量一量水平尾翼翼尖两边是否一样高。

机身和尾翼黏结好后（应待胶水固化），在机身安装机翼的 V 形槽内涂上胶水，把机翼安在机身上，并在机翼中心线处，用两根大头针钉入机身，马上把模型飞机“倒放”，并在机翼翼尖两边各钉上一根大头针，并压上锉刀或其他重物，见图 4-1-17。

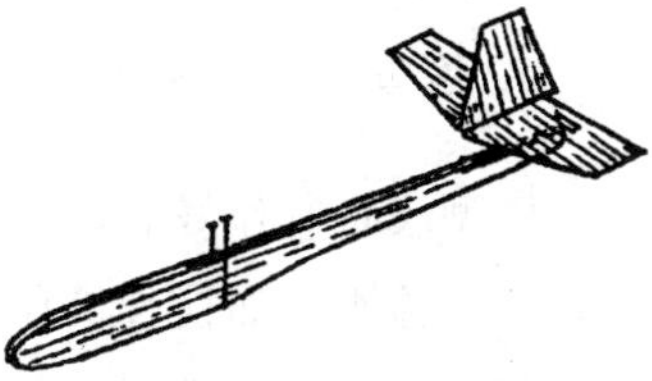

图 4-1-16　安尾翼

用直角板检查机身是否与桌面垂直，见图 4-1-18。

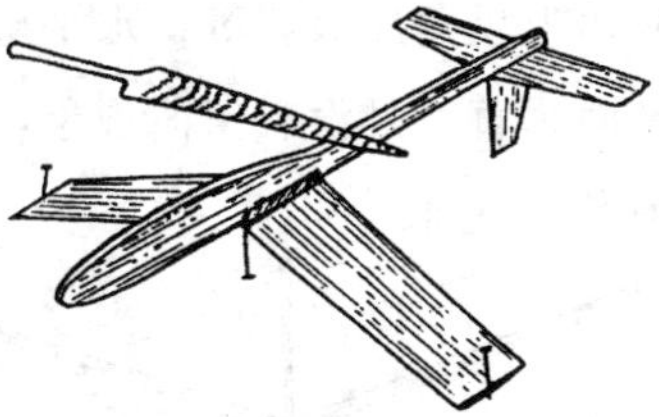

图 4-1-17　安机翼

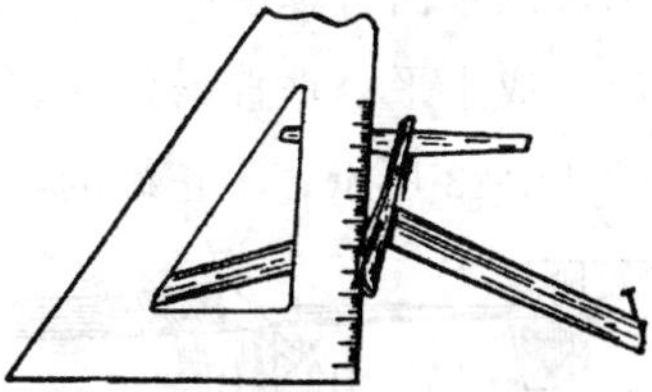

图 4-1-18　检查机身垂直度

粘加强条：把两根正方形的木条削成三角形的加强条，用胶水粘在机身和机翼的结合处，见图 4-1-19。

装弹射钩：取一根大头针，用尖嘴钳将大头剪去，直接钉入机头（应按图纸的要求钉），外头留 10 毫米长，最后用尖嘴钳把它弯成如图 4-1-20 所示的形状。这样，弹射模型滑翔机就装配好了。

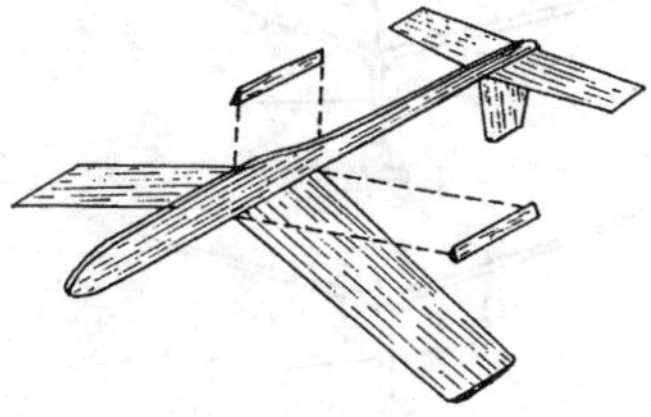

图 4-1-19　粘加强条

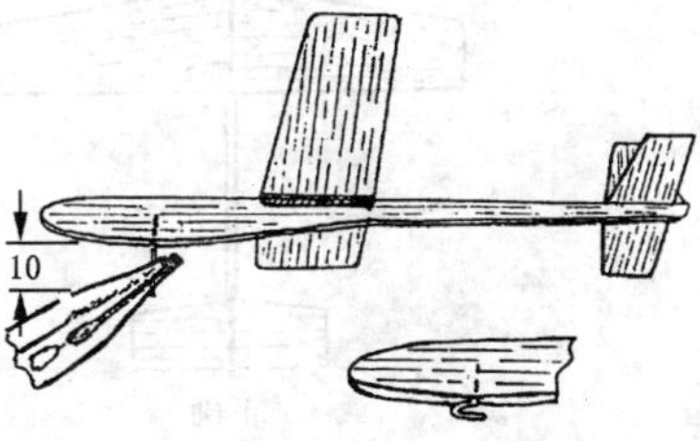

图 4-1-20　装弹射钩

5. 检查

模型飞机制作好后，要对它的重心位置及各部件制作安装的质量进行检查。如检查机翼和尾翼是否有变形，机翼尾的安装角是否正确等。弹射模型滑翔机重心及其他部件的检查方法如下：

①重心位置检查：用铅笔尖顶住模型飞机重心处，见图 4-1-21，如果重心位置不对时，可以通过在机头配重或减轻机头质量来调整。

②机翼和尾翼的检查：一般是用观测图法，如图 4-1-22 所示，从正面看，模型飞机的机翼两边上反角应该相等；水平尾翼应该成水平；垂直尾翼应该与水平面垂直，且没有扭曲现象，如图 4-1-23 所示，不正确的，应把它修正过来。

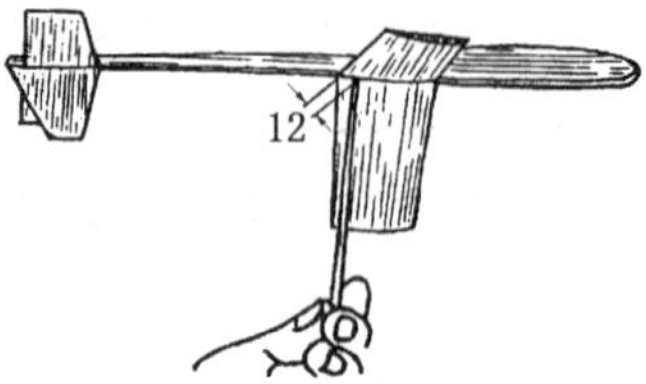

图 4-1-21　检查重心

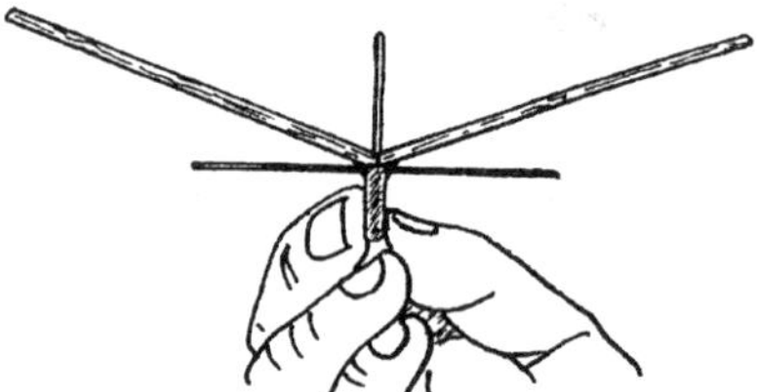

图 4-1-22　检查机翼和尾翼

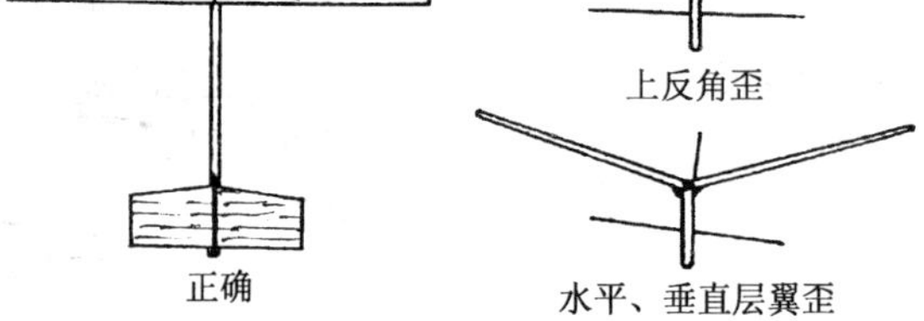

图 4-1-23　检查机翼和尾翼安装角

③机翼和水平尾翼安装角的检查：将模型飞机侧放，用一条直尺紧贴水平尾翼和机翼的下部，看机翼和水平尾翼前后缘是否都靠在直尺上，见图4-1-24。

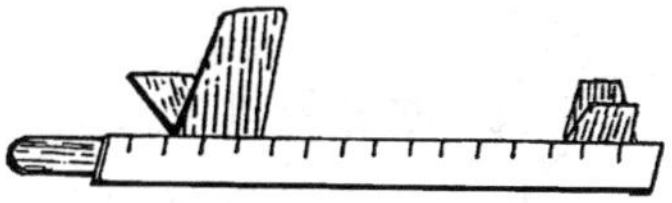
图 4-1-24　检查机翼和水平尾翼

以上工作全部完成之后，整架模型飞机就制作完了，可进入试飞调整阶段。

6. 手掷试飞

弹射模型滑翔机制作好后，首先应进行手掷试飞。试飞的目的是发现和纠正模型飞机不正常的滑翔飞行的现象，同时检查模型飞机的飞行性能。在手掷试飞中，如发现模型飞机有不正常的飞行现象——波状飞行、俯冲、盘旋下坠等，需作调整。下面将手掷试飞中各种不正确的飞行现象一一列出，说明原因，并介绍相应的调整及纠正方法。

（1）飞行现象1

模型飞机出手后，向上急升，随即失速坠地，见图4-1-25（a）。

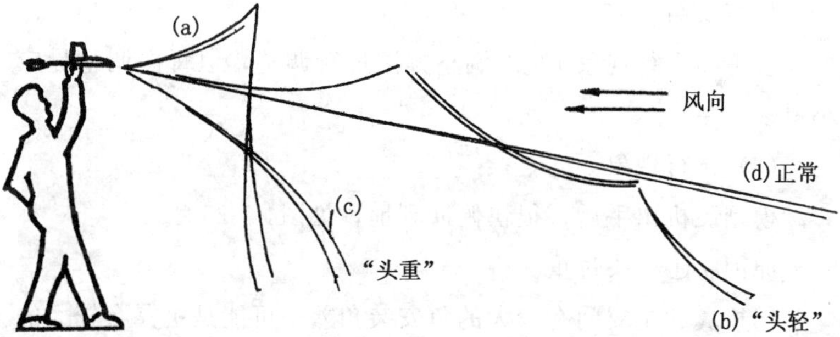

图 4-1-25　各种不正确飞行现象

原因：

①机头过轻或机尾太重。

②机翼和水平尾翼间有正安装角差，可能是机翼有正安装角，也可能是水平尾翼有负安装角。

③手掷速度太大（太用力）。

④手掷时机头抬得过高。

调整及纠正方法：

①调整重心位置，如机头配重。

②对机翼后缘“呵气”，弄软后，向上扳起。

③对水平尾翼后缘“呵气”，弄软后，向下扳，见图 4-1-26。

④出手时，机头稍向下。

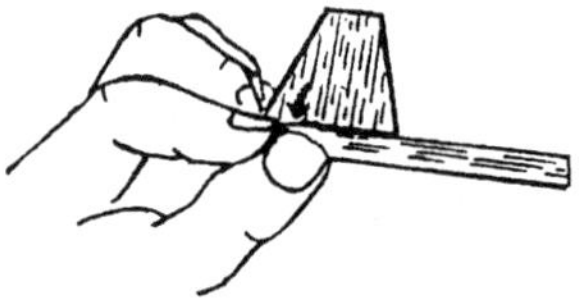

图 4-1-26　下扳尾翼

（2）飞行现象 2

模型滑翔时呈波状飞行或滑翔至地面时出现微小波状，见图 4-1-25（b）。

原因：

①机头过轻或机尾过重。

②机翼和水平尾翼间有正安装角差。可能是机翼有正安装角，也可能是水平尾翼有负安装角。

调整及纠正方法：

参考“飞行现象 1”的调整方法进行调整，但每次调整量应小得多。

（3）飞行现象 3

模型飞机出手后，很快俯冲到地，见图4-1-25（c）。

原因：①机头过重。

②机翼和尾翼间有较大的负安装角差。可能是机翼有较大的负安装角，也可能是水平尾翼有较大的正安装角。

调整及纠正方法：

①减轻机头质量或机翼安装位置适当向前移动。

②对机翼后缘“呵气”，弄软后，向下扳。

③对水平尾翼后缘“呵气”，弄软后，向上扳起，见图 4-1-27。

(4) 飞行现象 4

模型飞机出手后，急降落地。

原因：手掷速度太小，出手时机头太朝下。

调整及纠正方法：出手时，加大模型飞机的速度，出手后机头稍向下，或成水平状态。

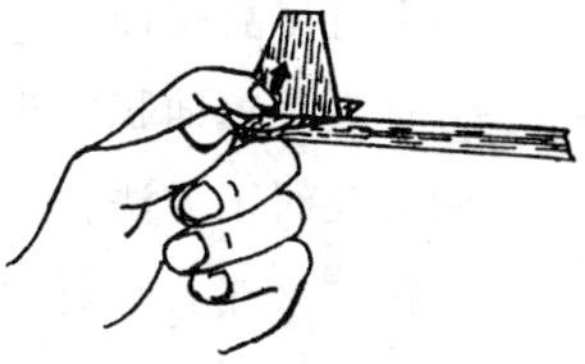

图 4-1-27

(5) 飞行现象 5

模型滑翔机在接近地面处急剧下滑。

原因：机翼和水平尾翼间稍有负的安装角差。可能是机翼有负安装角，也可能是水平尾翼有正安装角。

调整及纠正方法：参考“飞行现象 3”的方法进行调整，但每次调整量很小。

(6) 飞行现象 6

模型飞机先急速俯冲下滑，接近地面时，又转为机头上翘，最后失速下坠。

原因：出手时，机头低得太厉害，同时，出手速度也较大。

调整及纠正方法：出手时，减少机头向下倾斜度，并注意以适当的手掷速度放出模型飞机。

(7) 飞行现象 7

模型飞机出手后，急速向右（左）倾斜坠地。

原因：

①机翼两边质量不等。

②两边机翼的安装角不等（或机翼扭曲）。

③左右两边机翼上反角不等。

④机翼安装偏斜。

⑤水平尾翼变形。

⑥垂直尾翼扭曲。

⑦垂直尾翼面积太小。

调整及纠正方法：

①在左（或右）翼尖处加配重。

②对右翼（或左翼）后缘“呵气”，弄软后，向下扳。

③对左翼（或右翼）后缘“呵气”，弄软后，向上扳。

④对左半（右半）水平尾翼后缘“呵气”，弄软后，向下扳。

⑤对右半（左半）水平尾翼后缘“呵气”，弄软后，向上扳。

⑥对垂直尾翼后缘“呵气”，弄软后，向左（右）扳，见图 4-1-28。

⑦安装不正确的地方要重新进行安装。

⑧加大垂直尾翼面积。

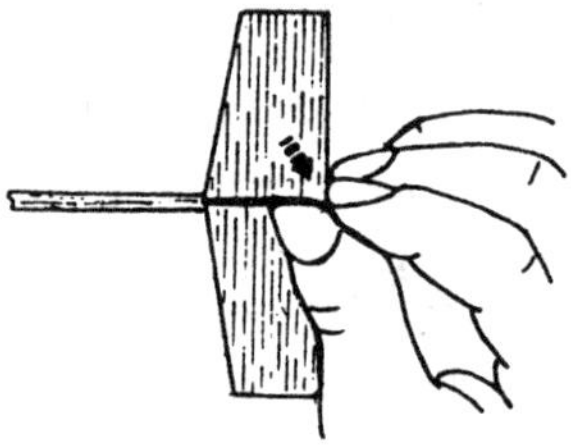

图 4-1-28　调整垂直尾翼

7. **弹射试飞**

手掷试飞满意后，就可以进行小动力弹射试飞。此时还应准备一根带橡筋束的弹射棒，制作要求见图 4-1-29。进行小动力试飞的目的是为全动力弹射打下基础。手掷试飞只是模型飞机在低空低速飞行的大体情况，而

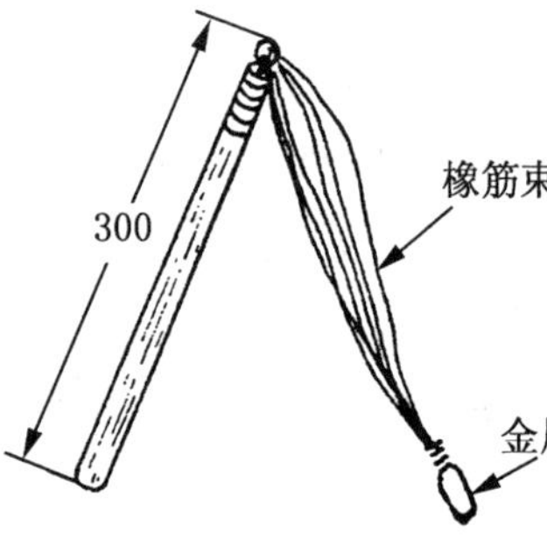

图 4-1-29　弹射棒

不能试出在高速下的飞行性能。小动力试飞，首先看模型飞机在弹射时的飞行路线和转力滑翔飞行时是否正常。第一次弹射时，一般是正对风，弹射方法见图 4-1-30 所示。不要把橡筋拉得过长，因为不知道模型飞机在弹射时是否正常。如果橡筋一下子就拉得很长，弹力太大，而模型飞机又有毛病，就很容易摔坏。

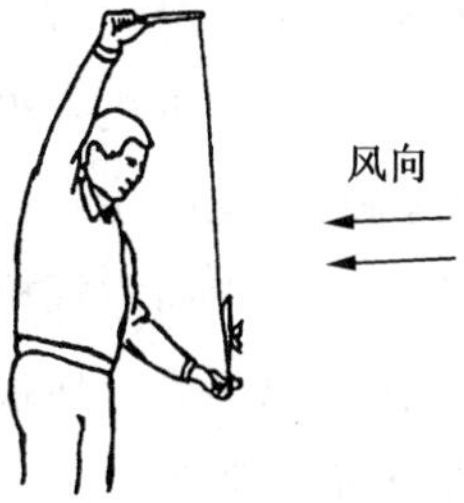

图 4-1-30　试飞

还应注意弹射时模型飞机的倾斜方向应与滑翔时模型飞机转弯的方向相反。如向左转弯的模型飞机弹射时，一定要往右边倾斜一些。同理，向右转弯的模型飞机，弹射时一定要往左边倾斜一些。模型飞机真正应平直弹射。

在一般情况下，通常有以下几种现象出现：

①模型飞机没有弹高，却翻了一个大筋斗落地，见图 4-1-31。产生这种现象的原因，一般是水平尾翼或机翼在安装好后，有角度。这有三种可能：一是机翼与机身有正安装角；二是水平尾翼与机身有负安装角；三是机翼和水平尾翼有正安装角差。因此在制作模型飞机时，要尽量避免上面所说的现象。另外就是调整滑翔时，不要把水平尾翼的后缘部分向上弯得太多，即要尽量避免用水平尾翼后缘部分向上弯的办法来调整“头重”。

图 4-1-31　翻筋斗

②模型飞机直线上升，急速下降，见图 4-1-32。这种现象，恰好和上面讲的情况相反。就是机翼与机身有负安装角，或是水平尾翼与机身有正安装角，或是机翼与水平尾翼有负安装角。另

外就是调整滑翔时，把水平尾翼后缘部分向下弯得太多了。

③模型飞机弹得很高，但又很快地螺旋下坠，我们称它为“螺旋”，见图 4-1-33。其原因是：垂直尾翼的后缘部分向右弯得太多了（指向右螺旋下来的模型飞机），或机翼两边的迎角不等，因而升力不等，使模型飞机向一边倾斜得特别厉害，使之呈螺旋形下降。调整方法：将垂直尾翼向左扳一些或把机翼两边的迎角调整相等。

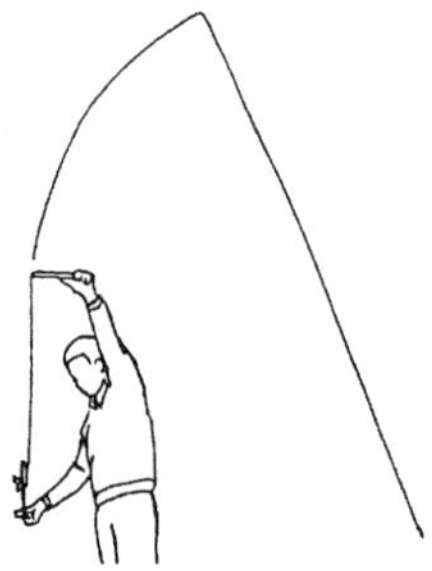

图 4-1-32　直升直降

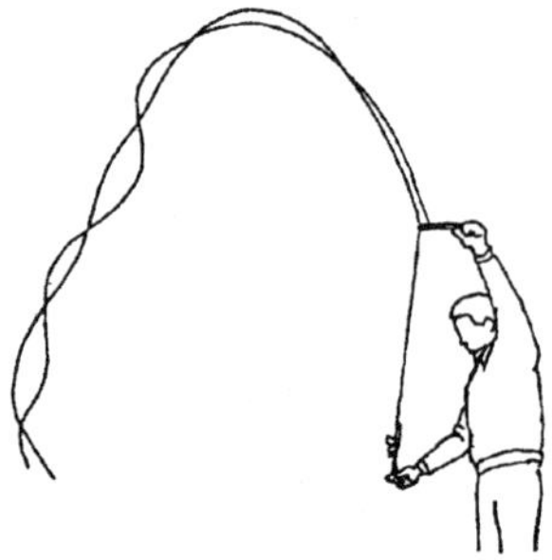

图 4-1-33　螺旋下坠

④当模型飞机弹出去后，螺旋上升又螺旋下来，见图 4-1-34，这是因为机翼两边的迎角大小相差太大了。调整方法：把右边机翼后缘向下弯一些（指右螺旋的模型飞机），增大右边机翼升力使之平衡。同理，左螺旋的模型飞机调整的方法与上述调整的方法相反。

图 4-1-34　螺旋上升下降

⑤模型飞机弹出后转一个小弯，很快地坠地，见图 4-1-35。前面已经说过，左转弯滑翔的模型飞机，在弹射时，应该把它向右倾斜。如果把模型飞机向左倾斜时，就会出现这种毛病。同

理，右转弯滑翔的模型飞机，在弹射时，应该把它向左倾斜。

模型飞机经过以上小动力弹射调整后，你认为满意了，就可以加大橡筋力弹射，如果这时还发现模型飞机弹射转入滑翔飞行不是十分理想，可按弹射试飞中调整方法纠正。要想让自己的模型飞机飞得又高又稳，就必须掌握弹射技术，这需要经过不断的试飞练习，只有熟悉了自己模型飞机的特点，才能使它的性能达到最佳。

图 4-1-35　转弯坠地

8. 试飞中不正常飞机现象及其纠正

弹射试飞中会出现一些不正常的飞行现象，其原因以及相应的调整、纠正方法综述如下。

(1) 飞行现象 1

模型飞机翻了一个大筋斗，擦地或撞地损坏。

原因：

①模型飞机盘旋半径太大。

②模型飞机弹出时，机身向滑翔时盘旋的反方向偏斜太大，同时弹力太大。

③机翼和水平尾翼间有正安装差角。可能是机翼有正安装角，也可能是水平尾翼有负安装角。

调整及纠正方法：

①减小模型飞机滑翔的盘旋半径。

②减小弹射时机身的偏斜度，并注意适当减小弹力，进行多次试验。

③参考手掷试飞，照现象 2 的调整方法进行，但每次只能进行一项调整，调整时应特别仔细。

（2）飞行现象 2

模型飞机弹得很高，但接着失速，下落一段距离后再转入滑翔。

原因：

①模型飞机弹出时，机身向滑翔盘旋相反方向偏斜太大。

②模型飞机盘旋半径太大。

③弹力不够，机身的偏斜配合不好。

④弹射角度（机身轴线和地面所成的角度）太陡。

调整及纠正方法：

①模型飞机弹出时，逐渐减小机身向滑翔相反方向的偏斜角度。

②将垂直尾翼偏转角扳大。

③适当加大弹力，并且略减小弹射时的偏斜角。

④减小机身与地面之间所成的弹射角度，逐步进行试验。

（3）飞行现象 3

模型飞机直线上升，但接着俯冲下降。

原因：

①手掷调整未妥（机头过重）。

②机翼和水平尾翼间有较大的负安装角差。可能是机翼有负安装角，也可能是水平尾翼有正安装角。

③弹力不足。

调整及纠正方法：

①参考手掷试飞的现象 3 的调整方法进行。但应注意，每次只能仔细地作微量的调整。

②有安装角差，应重新校正胶合。

③加大弹力。

（4）飞行现象 4

模型飞机弹出后螺旋下坠。

原因：

①机翼上反角太小或机头长度太短。

②垂直尾翼面积太大。

③机翼扭曲变形。

④水平尾翼扭曲变形。

调整及纠正方法：

①重新胶合，增大上反角。

②临场可以减小垂直尾翼面积后再进行弹射试验。

③对两边机翼后缘“呵气”，弄软后，向变形反方向纠正。

④纠正水平尾翼的变形。

（5）飞行现象 5

模型飞机弹出后，向右（或左）作小半径急转弯降下。

原因：

①模型飞机滑翔的盘旋半径太小。

②模型飞机机翼左右大小不对称。

③模型飞机两边机翼安装角大小不等。

④模型飞机两边机翼，翼型厚度或剖面形状不同。

⑤模型飞机弹出时，机身向滑翔盘旋的相反方向倾斜不够。

调整及纠正方法：

①加大盘旋半径，将垂直尾翼后缘向左（或右）扳。

②参考手掷试飞现象 4 的调整方法，再进行手掷试飞，然后逐步加大弹力，进行弹射试飞。

③弹射时，逐渐增加机身的倾斜程度，以便得到最合适的上升姿势。

（6）飞行现象 6

模型飞机升空后，容易翻身飞行（倒飞）。

原因：

①机身过轻或机翼过重，使模型飞机重心位置过高。

②机翼上反角太小。

调整及纠正方法：

①在机身重心下部加配重，机翼用较轻的木料。

②增大机翼上反角。

（7）飞行现象 7

弹出后模型飞机直飞不转弯。

原因：

（1）盘旋半径过大。

（2）垂直尾翼、机翼或水平尾翼变形。

调整及纠正方法：

①加大垂直尾翼舵面。减小弹射偏斜角。

②“呵气”，纠正垂直尾翼或机翼或水平尾翼的变形。

9. 克服弹射过程中翻筋斗的机构

我们发现模型滑翔机在弹射出去后，总是容易翻筋斗，主要原因是：弹射时，速度大且机翼产生升力过大。要在弹射飞行时减小机翼的升力，在一般情况下，可以用三种方法来调整：一是改变弹射角，或减小橡皮筋的弹力；二是加大弹射时模型飞机的倾角，倾斜后的模型飞机，在垂直尾翼配合下，可以呈螺旋线上升；三是用自动控制水平尾翼安装角的装置，来减小弹射时机翼产生的升力，达到弹高的目的，这是一种比较有利的措施，自动控制水平尾翼装置具体制作方法如图 4-1-36 所示。

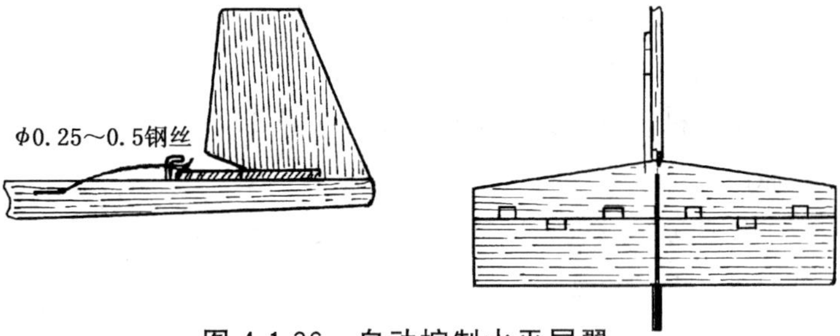

图 4-1-36　自动控制水平尾翼

该装置工作原理是：模型飞机以大弹力、大角度弹射，因此速度极快，水平尾翼升力增加，水平尾翼前缘部分的活动面，在空气动力作用下，自动往上翘，形成正安装角，产生一个低头力矩，抵消机翼一部分升力，使模型飞机大角度直线上升。之后，模型飞机便依靠惯性向上冲，随着高度增加，模型飞机在重力和阻力的作用下，飞行速度愈来愈慢，水平尾翼活动面空气动力减小，并在钢丝的弹力作用下，将它恢复到正常安装角，使模型飞机逐渐回到正常滑翔位置，进入平稳滑翔。但这种装置还不一定完整，还有待继续改进。

二、木结构手掷模型滑翔机的制作

手掷模型滑翔机（代号 PIS）的一种外形如图 4-2-1 所示。手掷模型飞机是靠人手臂的力量把模型飞机抛上天空，而后即转入滑翔飞行。航空模型飞机竞赛规则限定手掷模型飞机的飞行质量不能超过 15 克，模型飞机外形不限。因此各人可以根据自己的制作水平，选择合适的模型飞机图纸，使用不同的材料、结构制作。也可以根据模型飞机的飞行原理自己设计。

青少年航模竞赛中，常设的两种手掷模型滑翔机比赛项目一种是手掷模型滑翔机（留空），如图 4-2-1 所示，看谁的模型飞机飞的时间长；另一种是手掷模型滑翔机（直线），如图 4-2-2 所示，看谁的模型飞机飞的直线距离远。下面主要介绍手掷模型滑翔机（留空）的制作和调整。

1. 制作材料

机翼：2.5 毫米×55 毫米×320 毫米桐木片 1 片。

机身：3 毫米×15 毫米×310 毫米桐木条 1 条。

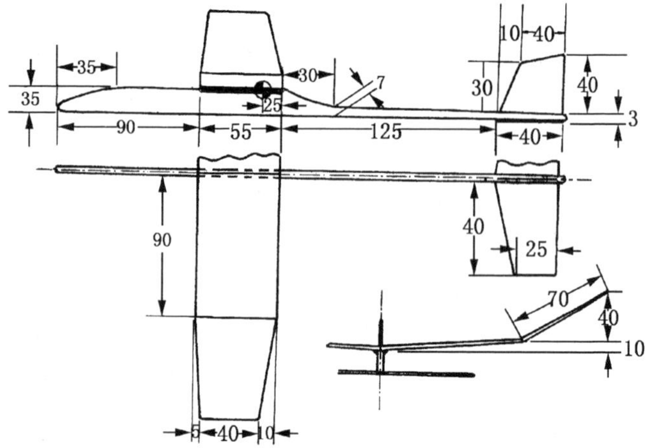

图 4-2-1　手掷模型滑翔机（留空）

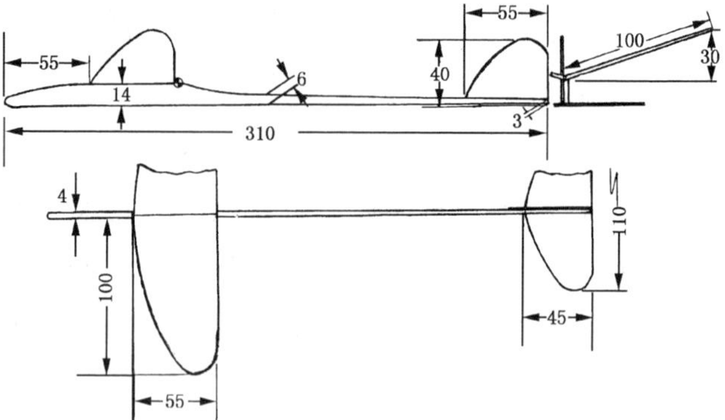

图 4-2-2　手掷模型滑翔机（直线）

尾翼：1 毫米×40 毫米×120 毫米桐木片 1 片。1 毫米×40 毫米×40 毫米桐木片 1 片。

还要准备一些白胶或快干胶。

2. 制作步骤

（1）绘制工作图

根据手掷模型滑翔机（留空）三视图中的数据和要求，把机翼、机身、垂直尾翼及水平尾翼的图形分别画在桐木片上，如图 4-2-3 所示。

（2）加工各部件

用小刀将机翼、机身多余部分切削掉。用小刀尖和直尺把水平尾翼、垂直尾翼多余部分裁掉（加工时应顺着木纹的走向）。然后用 0 号砂纸把切削部分边缘打磨平整，这样各部件就加工好了，如图 4-2-4 所示。

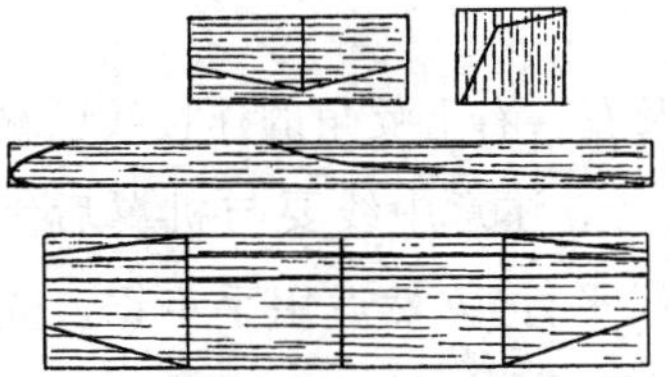

图 4-2-3　在桐木片上作图

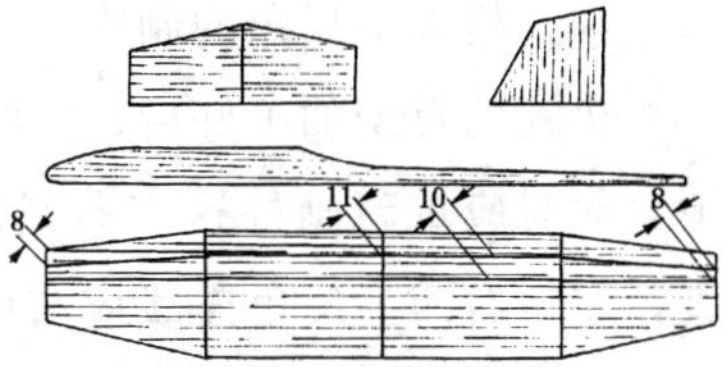

图 4-2-4　切裁出模型各部件

（3）加工机翼翼型

在制作机翼的桐木片表面按图 4-2-4 要求的间距，画好加工翼型用的线条。

把机翼后面 2/3 部分（即第二条线后部）全部锉斜，见图 4-2-5（a），后缘留 0.5 毫米厚度就可以了。锉时应注意，锉刀向前锉用力，向后拉不要用力，锉刀应与机翼木片成一定的角度，

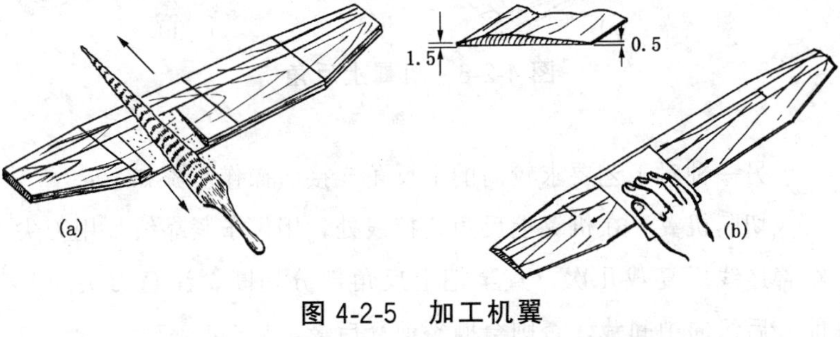

图 4-2-5　加工机翼

这样，才不会把后缘锉坏。

把机翼前面约 1/5 的部分（即第一条线的前部），用锉刀锉斜，前缘厚度留约 1.5 毫米。厚度留得太薄、太厚都不好。翼根处可适当留厚一些，翼尖处要薄一些，如图 4-2-6（a）所示。

再用 0 号细砂纸，细心打磨掉棱角，使机翼呈流线形，并将前缘部分打磨成圆弧形，使之成为上凸下平的平凸翼型，见图 4-2-5（b）。

（4）机翼上反角的制作

机翼的翼型加工好后，中线及左、右上反角的连接线已被磨掉，此时应重新画好这三条线段（应注意中线要与机翼后缘垂直，左、右两上反角连线应与中线平行）。然后用手工锯，先把左、右上反角连线锯开（未断）。而后在锯缝中填满白胶，按图纸要求上翘，两翼尖离工作板平面高 30 毫米并固定，固定方法见图 4-2-6（a）。

中段上反角制作方法同上，固定方法如图 4-2-6（b）所示。

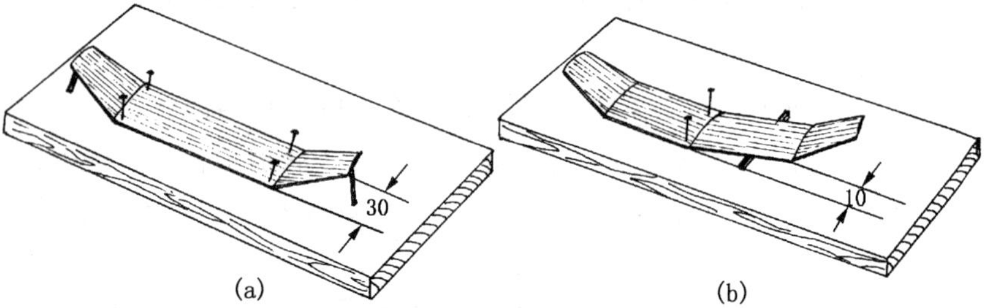

图 4-2-6　机翼上反角

另一种对工艺要求较高的上反角连接法操作步骤如下：

切断机翼。在机翼上反角连接线处，用尺子紧靠线，用刀尖顺着连线反复裁几次，直至把上反角部分切断，注意刀尖应从前、后缘向中间裁，否则会撕裂前、后缘，见图4-2-7。

磨机翼断面。取上反角高度（30 毫米）一半，把上反角一边机翼定好位。用砂纸板打磨根部断面，左右两边断面要打磨得很吻合，见图 4-2-8。

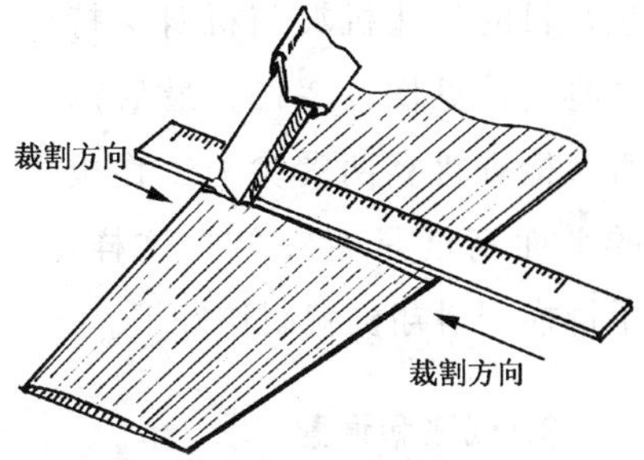

图 4-2-7　裁割机翼

机翼上反角黏合的固定方法如图 4-2-7（a）所示，只不过应在黏结接缝与工作板之间垫上一张蜡纸，以防机翼粘在工作板上。

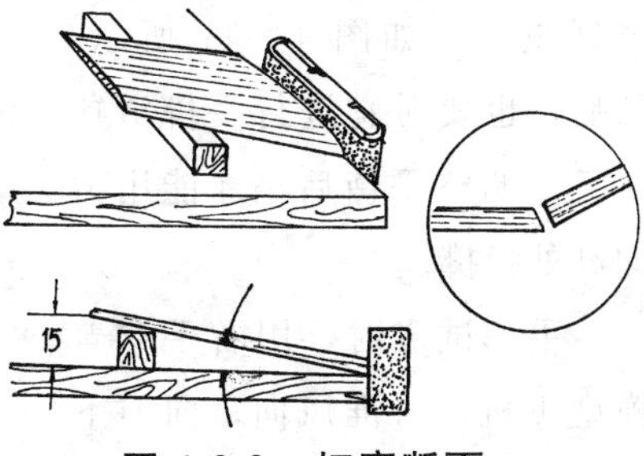

图 4-2-8　打磨断面

（5）粘接水平尾翼

如图 4-2-9 所示，水平尾翼中心线涂上白胶，平放在桌面上，把机身顺中线放置，垂直地放在水平尾翼上，并在机头下方垫上一块从水平尾翼裁下的边角料，目的是让水平尾翼与机身夹角为 0°。然后在水平尾翼上方的机身上部涂上胶水，把垂直尾翼顺着机身的中心线，垂直地放在机身上，并用木条撑住，再用三角板测量一下，看垂直尾翼是否与机身垂直。

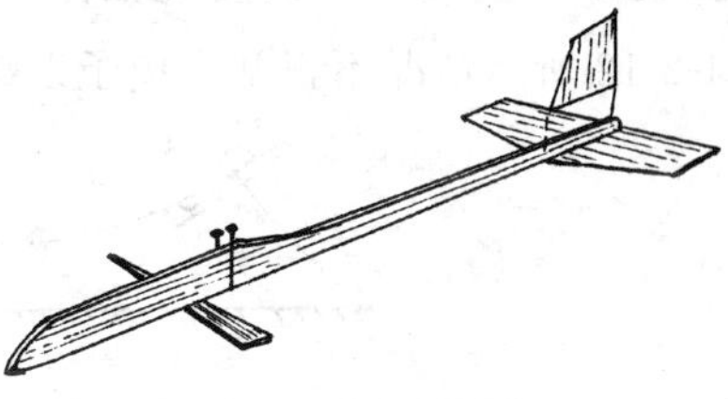

图 4-2-9　安装尾翼

（6）机身与机翼的黏结

把机身垂直固定在工作板上，在机身需安装机翼部分涂上胶水，再把机翼放到机身上，注意机翼的中线应与机身的中心线对齐，然后在机翼的中线位置用两根大头针钉住机翼的前、后缘部位，目的是让机翼与机身保持0°迎角，见图 4-2-10。最后用直尺检查机翼两翼尖与工作板的平面高度是否一样。这样，手掷模型滑翔机就制作好了。

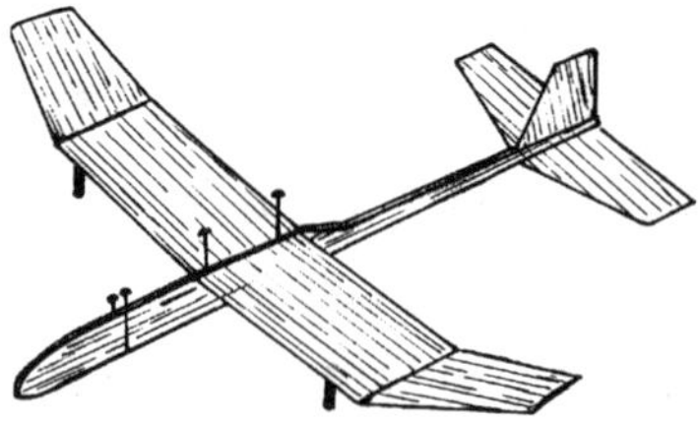
图 4-2-10　安装机翼

3. 试飞和调整

手掷模型飞行前，要先调整好重心，如图 4-2-11 所示。然后，也要对它进行手掷滑翔试飞，调整平衡后，才能用力向高处投掷。

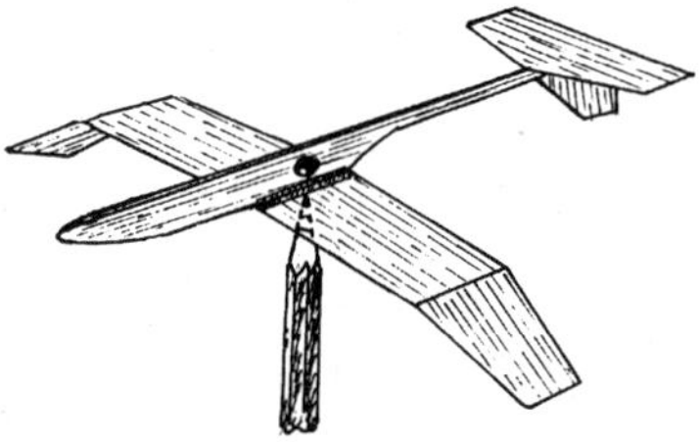
图 4-2-11　测重心

手掷试飞时，用右手拿着模型飞机，对准风向，向前下方投掷模型飞机。如发现如图 4-2-12 所示情况不正常，应予以纠正。

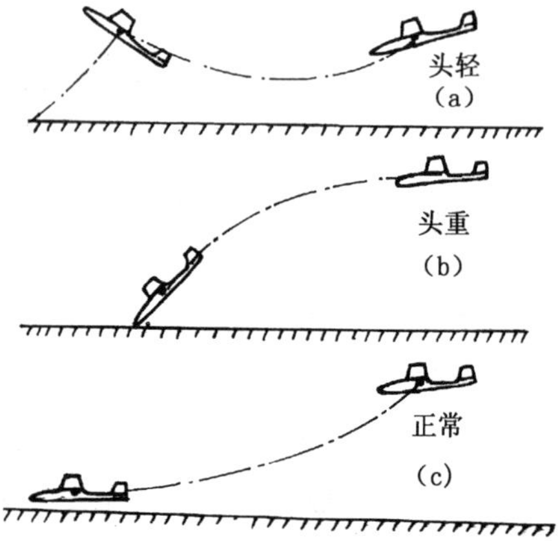

图 4-2-12　飞机情况

如模型飞机头轻，如图 4-2-12（a）所示，可按前面所述弹射模型滑翔机手掷试飞调整方法调整。

如模型飞机头重，如图 4-2-12（b）所示，可按前面所述弹射模型滑翔机手掷试飞调整方法调整。

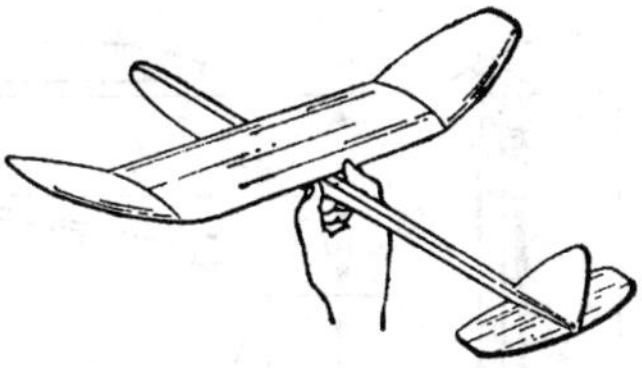

图 4-2-15 模型的投掷握法

手掷试飞正常后，如图 4-2-12（c）所示，就可以用力向高处投掷。

投掷方法一般是用右手的拇指和中指抓住机身重心附近部位，食指按住机翼根部，见图 4-2-15，大臂和小臂同时挥起，用力把模型飞机向前面的斜上方投掷出去。模型飞机出手角度为 45°～60°，一般情况下，模型飞机的飞行轨迹是先盘旋上升，再盘旋滑翔下降，见图 4-2-16。如果需要调整盘旋弧度，可以调整方向舵，也可以调整水平尾翼。

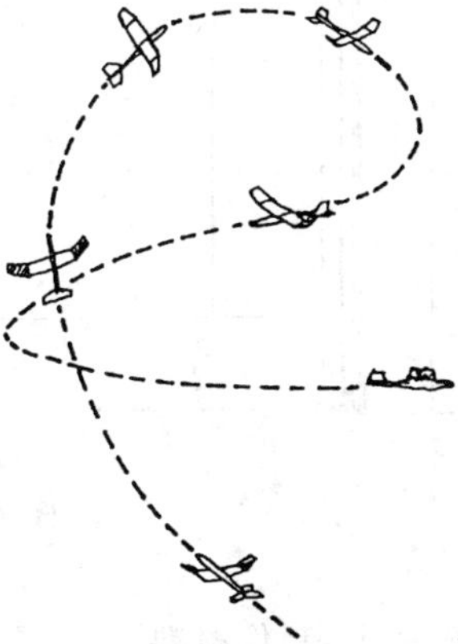

图 4-2-16 正常飞行路线

三、简易模型直升机的制作

简易橡筋动力模型直升机（代号 PIF）常见的外形如图 4-3-1。航空模型竞赛规则中，对模型直升机的规定，只限制最大飞行质量不能超过 5 克。因此，爱好者可以根据这一限制，做出各种外形不同的模型直升机，见图 4-3-2。

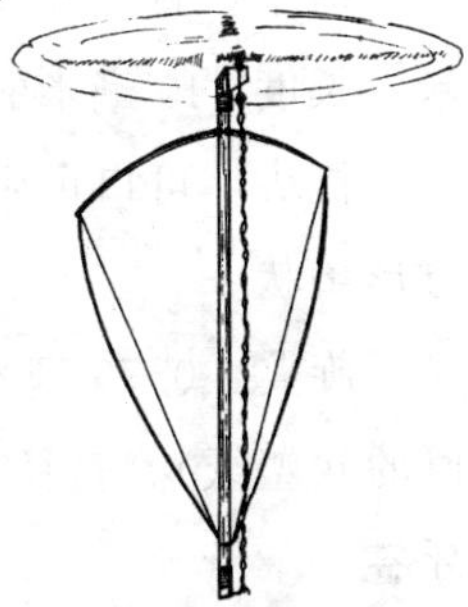

图 4-3-1 简易橡筋动力模型直升机

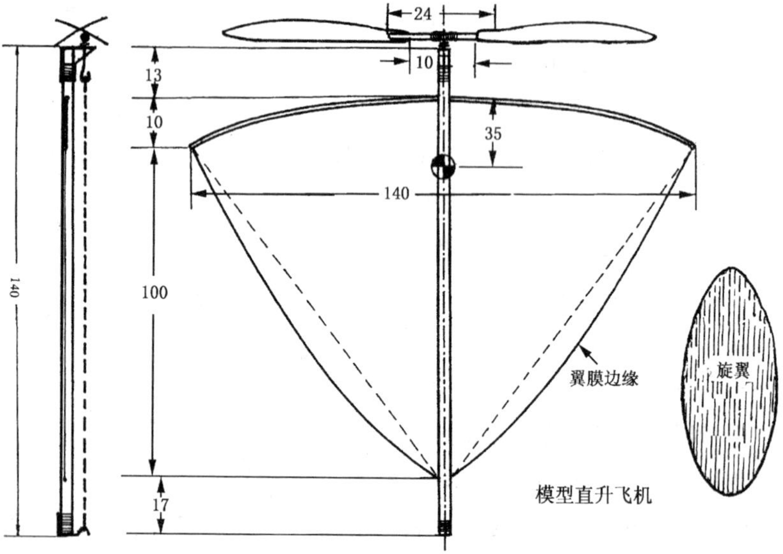

图 4-3-2　模型直升机

1. 制作材料

机身：4 毫米×4 毫米×130 毫米桐木条 1 根，也可用芦苇秆或塑料吸管（质量越轻越好，但强度要稍强的）。

横梁：直径 0.5 毫米、长度 140 毫米细竹丝；或直径 0.3 毫米、长度 140 毫米的细钢丝。

机头：可口可乐罐底铝片，剪成长 30 毫米、宽 3 毫米的长方形条状。

旋翼：0.75 毫米×25 毫米×60 毫米桐木片 2 片（或 1 毫米厚的吹塑纸）。直径 1 毫米、长约 30 毫米竹丝一根（也可用竹制牙签）。

阻尼翼膜：棉纸或塑料薄膜一张（150 毫米宽的正方形）。

此外，还需要一些棉线、直径 0.5 毫米钢丝、小玻璃珠（中间有孔的）和动力橡筋若干条等。

2. 制作步骤

①固定横梁。按图纸的要求截取直径 0.5 毫米细竹丝，把竹丝固定在机身的规定位置上，如图 4-3-3（a）所示，并用细线缠住。

②张线。从横梁两端各拉一根细线，将线的另一端固定在机身下方规定处，并稍拉紧线，使横梁形成弓状，如图 4-3-3（b）所示。

③蒙阻尼翼膜。将棉纸或薄的塑料薄膜裁成三视图中阻尼膜的形状，并将它蒙在机身上，如图 4-3-3（c）所示。

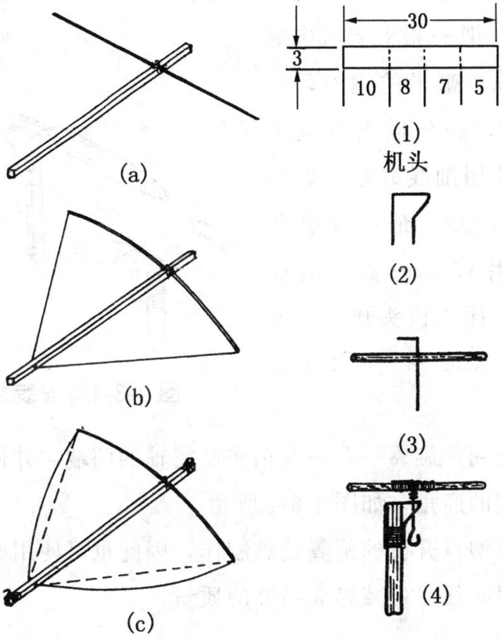

图 4-3-3　制作细则

④机头制作。用可口可乐罐底部的铝片，按图 4-3-3（1）所示的形状剪成长 30 毫米、宽 3 毫米的长条。再按图 4-3-3（1）中的尺寸，把它弯成图 4-3-3（2）的形状（侧视图），最后把它固定在机身上端，如图 4-3-3（3）所示，用细棉线扎紧并涂上胶。用直径 0.5 毫米的钻头，在机头规定的位置钻一个通孔。

⑤尾钩的制作。用直径 0.3 毫米的细钢丝，按图 4-3-3（5）的尾钩图形，用尖口钳弯成尾钩的形状，并用细线把它缠在机身下端，见图 4-3-2。

⑥旋翼的制作。用吹塑纸按图纸中旋翼叶片 1∶1 的形状，裁剪成两片。

取一段长为 30 毫米、直径 1 毫米的细竹线，中心用大头针钉一个孔，把一根长约 30 毫米、直径 0.3 毫米的钢丝，一头弯成 90°，一头插入竹丝中心孔内，并用细线缠紧，如图 4-3-3（c）所示。最后穿进几个塑料垫片或是一颗小玻璃珠，再把它插入机头孔内。下部分钢丝弯成图 4-3-3（4）形状。

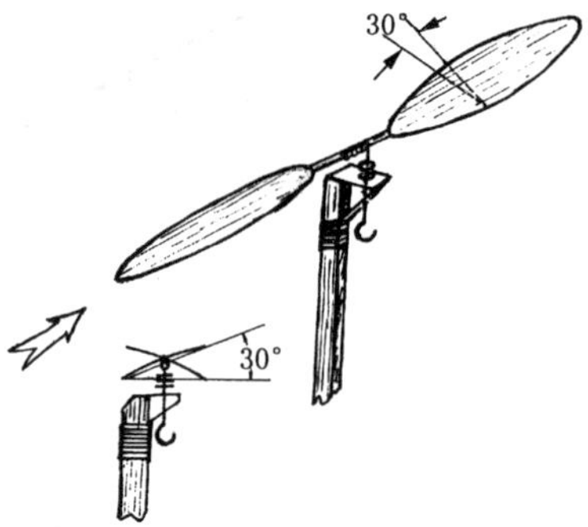

图 4-3-4　安装旋翼

分别把两片旋翼一左一右粘在旋翼轴的两端，并使两边的旋翼形成一定的迎角，如图 4-3-4 所示。

由于模型直升机的旋翼较难制作，因此也可使用商品化塑料螺旋桨，但必须尽量减轻成品桨的质量。

3. 调整试飞

模型直升机做好后，就可以进行调整试飞了。调整试飞操作如下：

①安装橡筋束。橡筋可用1毫米×1毫米的动力橡筋，按模型飞机的实际长度绕3圈（即6股）。为了充分利用橡筋束的能量，使用时可在橡筋束上涂上少许中性洗发液。

②调整重心。将模型飞机拿成水平状态，轻轻放手，模型飞机应像一片树叶一样飘落地面。如果向前滑翔，模型飞机在上升时就会翻筋斗，此时应及时调整重心位置。如模型飞机下坠快，则应设法减轻模型飞机的质量。

③小动力试飞。将橡筋束绕100圈左右，观察旋翼两桨叶的工作情况。如果旋翼旋转时振动或明显看出两个桨叶不在同一水平面内旋转，就应检查旋翼左、右长度是否一样长，两叶片的迎角是否一致，旋翼两边质量是否平衡。找出毛病后，应进行纠正，直到旋翼旋转正常、模型飞机能上升就行了。

调整好模型直升机，就可以逐步增加橡筋束的圈数，使模型飞机保持垂直上升，动力消失后应飘落下来。模型直升机对尺寸和形状要求不严格，爱好者可以根据自己手头的材料设计制作。这类模型飞机成功的关键在于质量轻、旋翼质量高。

4. 试飞中不正常飞行现象及其纠正

模型直升机在试飞中，还经常遇到旋翼转动无力，在原高度盘旋等现象。这些现象的产生原因及调整、纠正的方法综述如下。

(1) 飞行现象1

模型飞机出手后，翻筋斗往地上冲。

原因：重心过高。

调整及纠正方法：重新调整重心位置，在尾部加配重或将阻尾翼上移。

（2）飞行现象 2

模型飞机桨叶转动很慢，上升无力，如图 4-3-5（a）所示。

原因：

①拉力不足；

②桨叶角太大；

③机头阻力太大。

调整及纠正方法：

①在规则允许情况下增加橡筋束的圈数；

②减小桨叶角；

③加润滑油，并检查机头安装是否正确。

（3）飞行现象 3

模型飞机桨叶转动很快，上升很慢。

原因：桨叶角太小。

调整及纠正方法：增大桨叶角。

（4）飞行现象 4：模型飞机在同一高度快速盘旋，如图 4-3-5（b）所示。

原因：

①模型飞机拉力线不对；

②模型飞机左右旋翼迎角不对称。

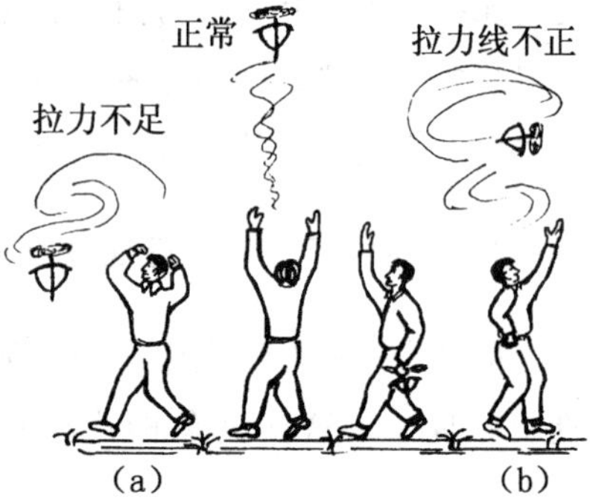

图 4-3-5　飞行路线

调整及纠正方法：

①重新调整拉力线。

②重新调整模型旋翼左右迎角。

第五章　初级模型飞机制作

一、塑料结构初级橡筋动力模型飞机制作

橡筋动力模型飞机是靠储存在橡筋内的能量带动螺旋桨旋转、产生拉力而上升的模型飞机。能量用完以后，模型飞机滑翔下降。

这一节主要介绍一架使用 2 克橡筋作为动力的初级模型飞机，见图 5-1-1。这架模型飞机的机翼和尾翼采用聚苯乙烯泡沫塑料吹塑纸整体制作；机身采用一根桐木杆制作；螺旋桨选用工厂生产的、直径 150 毫米左右的塑料螺旋桨，连机头；它带有空转机构，在橡筋放松后能够像风车那样迎风旋转，从而减小阻力。这架模型飞机是为有一定制作基础的初学者设计的。它质量轻、容易制作、安定性好、调整方便……缺点是橡筋暴露在外面，容易沾上灰尘，而且空气阻力比较大。

1. 制作材料

制作这架初级橡筋动力模型飞机所用材料见表 5-1-1。

2. 机翼制作

①加工机翼外形。将图 5-1-2 机翼的平面图形及尺寸，画在 1 毫米×100 毫米×320 毫米的吹塑纸上，如图 5-1-3（a）所示。用小刀裁好机翼的外形，并在前缘中心线 35 毫米处也裁一条 35 毫米长的缝，如图 5-1-3（b）所示。

一级橡筋模型飞机（普及型）

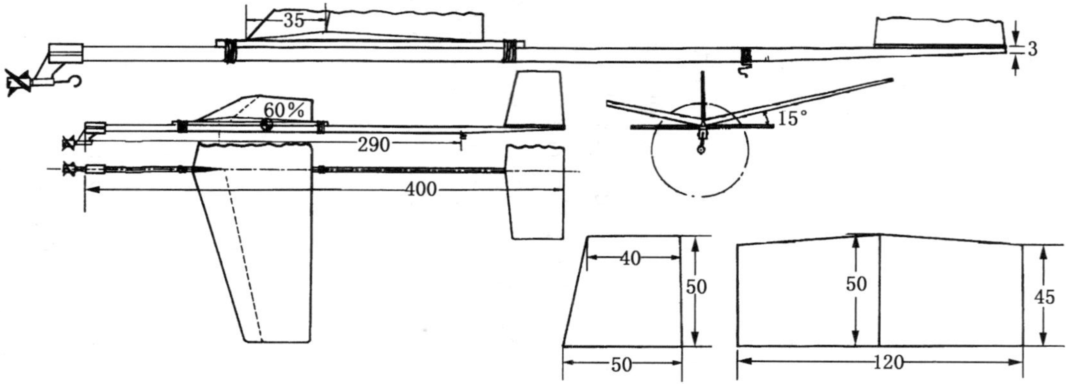

图5-1-1　塑料结构橡筋模型飞机

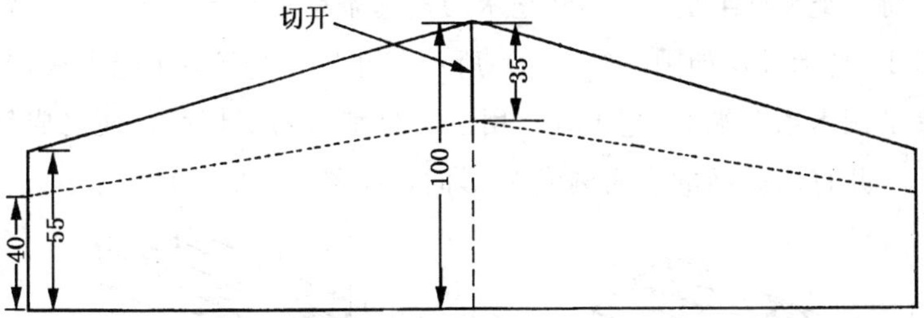

图 5-1-2 机翼平面图

表 5-1-1 塑料结构初级橡筋动力模型飞机所用材料

部位	用途	材料	规格（毫米）	数量
机翼	翼面 翼台	吹塑料纸 桐木条	1×100×320 3×4×13	1 张 1 条
机翼	翼台	桐木条	4×4×100	1 条
尾翼	水平尾翼 垂直尾翼	吹塑纸	1×50×50 1×50×120	1 张
机身	机身	桐木或松木条	4×5×400	1 条
发动机	橡筋束 螺旋桨连 机头	橡筋塑料	1×1 或 1×2 D≈150	2 克 1 副
其他		双面胶、钢丝（0.6 毫米直径），白胶		适量

②加工机翼翼型。按机翼表面贯穿翼尖至翼根的虚线，分别用直尺紧靠虚线并把前缘部分向上折起，折离最高点距翼弦线 4 毫米，如图 5-1-3（c）所示。

③翼台制作。把 3 毫米×4 毫米×130 毫米桐木条涂上白胶，

并将 4 毫米×4 毫米×100 毫米的桐木条粘在它的上方，前后各留 15 毫米长，如图 5-1-4（a）所示。并从 4 毫米×4 毫米×100 毫米桐木条一端 35 毫米处，用小刀分别向两端切削，使之成斜面，并将两斜面的表面刻成 V 形面，如图 5-1-4（b）所示。

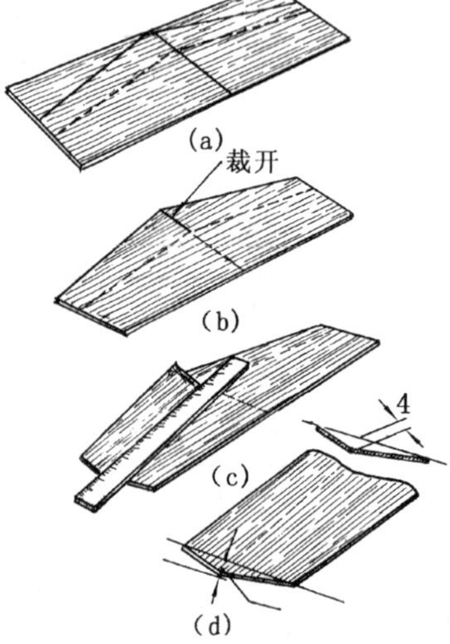

图 5-1-3　机翼

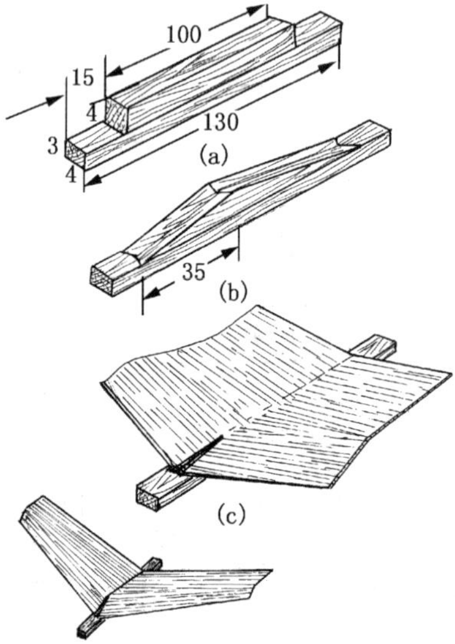

图 5-1-4　翼台连机翼

④在翼台两斜面上贴上一条双面胶，撕去保护纸片，把折好翼型的翼粘贴到翼台上，如图 5-1-4（c）所示，这样机翼连翼台就制作好了。

3. 机身制作

在用于制作机身的 4 毫米×5 毫米×400 毫米的桐木条上，从宽的一个侧面上画出机身的侧面图，如图 5-1-5（a）所示。并用小刀从离机头 290 毫米处向机身末端切削，使这部分机身呈斜面状，机身末端厚度留 3 毫米，如图 5-1-5（b）所示。

橡筋束尾钩的制作。取一根直径为 0.6 毫米的钢丝，把它用钳子弯成图 5-1-5（c）所示形状，并用细棉线缠牢固定在机身 290 毫米处，如图 5-1-5（d）所示。这样，机身就制作好了。

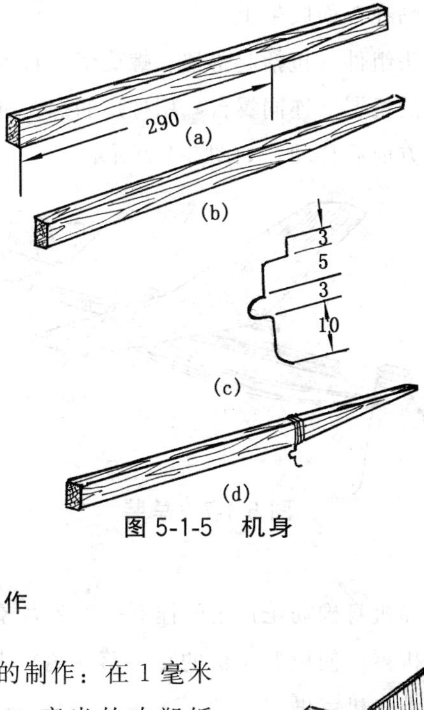

图 5-1-5　机身

4. 尾翼制作

水平尾翼的制作：在 1 毫米 ×50 毫米 ×120 毫米的吹塑纸上，按三视图上水平尾翼的外形及尺寸要求，画出水平尾翼的外形，并用小刀裁出它的形状。

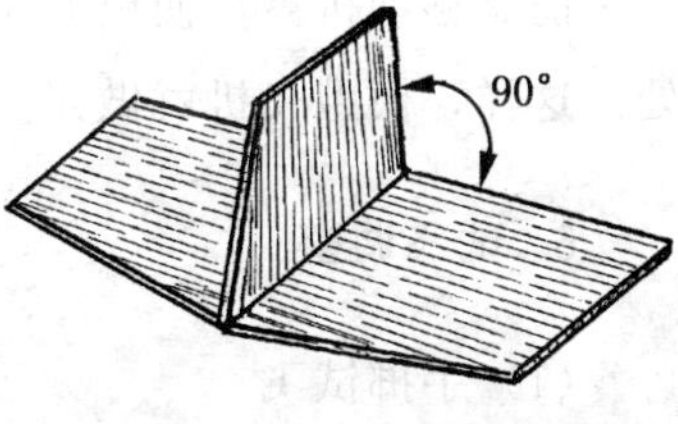

图 5-1-6　尾翼

垂直尾翼的制作：在 1 毫米 ×50 毫米 ×50 毫米的吹塑纸上，按图纸的要求，画出垂直尾翼的外形，并用小刀裁好。

在水平尾翼的中线涂上少许白胶，并将垂直尾翼粘在水平尾翼上，如图 5-1-6 所示。再用三角板检查它们是否相互垂直。

5. 总装

在机身的末端贴上一条长 50 毫米、宽 4 毫米的双面胶带，把制作的尾翼贴在双面胶带上。

将塑料机头组件（包括起落架、螺旋桨）套入机身的头部。

将制作好的机翼（连同翼台）用橡皮筋绑在机身上，使机翼可以在机身上方前后移动，如图 5-1-7 所示。

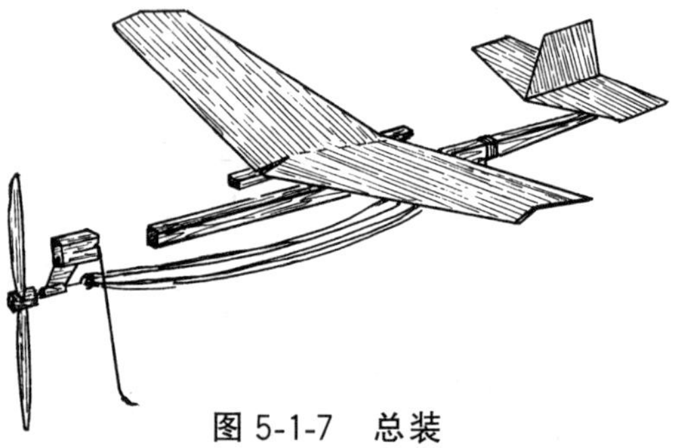

图 5-1-7　总装

在桨轴钩和机身橡筋尾钩之间挂上一束 2 克橡筋。

前后移动机翼，使模型飞机的重心落在离机翼前缘 60 毫米处。这样，模型飞机就做完了。

6. 试飞调整

（1）手掷试飞

橡筋动力模型飞机的手掷试飞的方法同其他种类模型飞机基本一样。通过手掷试飞，检查模型飞机的重心位置和各部件安装是否牢固、准确。经过调整使模型飞机下滑并稍稍向右盘旋。

（2）制作橡筋束

要安装橡筋束，先应制作橡筋束。在工作板上钉两个钉子，钉子之间的距离290毫米。把2克橡筋（1毫米×1毫米或1毫米×2毫米）轻轻地绕在两个钉子上。注意每圈的松紧度要相同。橡筋绕完后，用打结的方法把橡筋的两个头连接起来（打结时注意拉紧，防止松开）。然后从钉子上把橡筋束取下来，用手指钩住一端，使橡筋束自然下垂，轻轻抖动，并把各圈的长度调整好。用另外的橡筋束两端各扎成一个环，再往模型飞机上安装。也可以不扎环，但是在安装时要使每圈橡筋都套上。

（3）安装橡筋束

为了保护橡筋束，螺旋桨轴的钩子和机身上的橡筋钩子不能太细，钩子上还要套一段塑料套管。橡筋束的中心应该通过螺旋桨轴的轴心，以减少模型飞机飞行时的抖动。

（4）旋绕橡筋束

初级模型飞机绕橡筋束的方法有两种。一种是直接用左手或右手食指，按顺时针方向拨动螺旋装置，如图5-1-8所示。另一种是使用专用手摇旋绕器（只适合初级橡筋模型飞机用），如图5-1-9所示。旋绕时，将橡筋束一端（在机身一端）挂在手摇旋绕器的挂钩上，拉紧橡筋束，边绕边往回缩，最后将绕好的橡筋束挂在机身上的橡筋钩上。

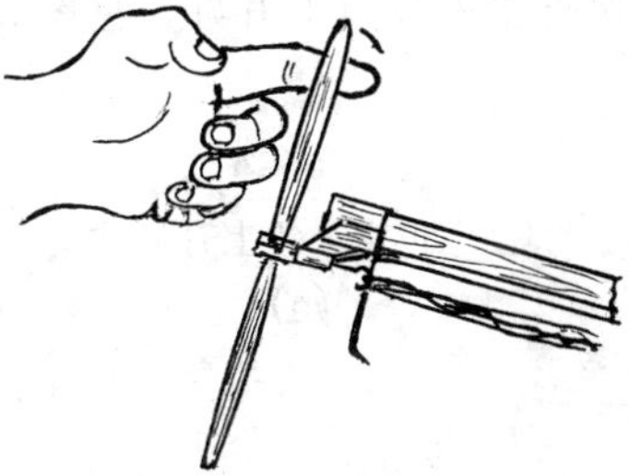

图5-1-8　手旋绕橡筋束

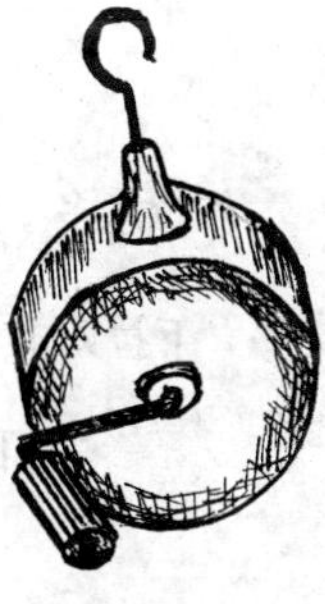

图5-1-9　专用手摇旋绕器

（5）小动力飞行

初次试飞，橡筋不要绕得太紧，一般绕到最大转数的1/3就可以了，螺旋桨要稍微右拉（成品机头组件一般已有右拉和下拉)。把机翼放平，机头略向上翘，出手时相对气流微微左侧，轻轻掷出去。正常情况下应右旋上升。仔细观察模型飞机的上升姿态和盘旋、滑翔状况，以便发现手掷试飞中没有暴露出来的问题，并加以调整。

(6) 调整上升姿态

橡筋动力模型飞机有两种上升姿态：急上升和缓上升。急上升时上升角度大、速度高、抗风性好且螺旋桨转速快，橡筋束扭力矩由大到小变化剧烈，上升到同一高度，模型飞机所飞的路程比缓上升短，用来克服阻力的能量消耗较少。缓上升时上升角度不大，速度低，橡筋束的扭力矩变化柔和，但上升到同一高度模型飞机所飞的路程相对长些，用来克服阻力的能量消耗较多，抗风性也不如急上升好，见图 5-1-10。

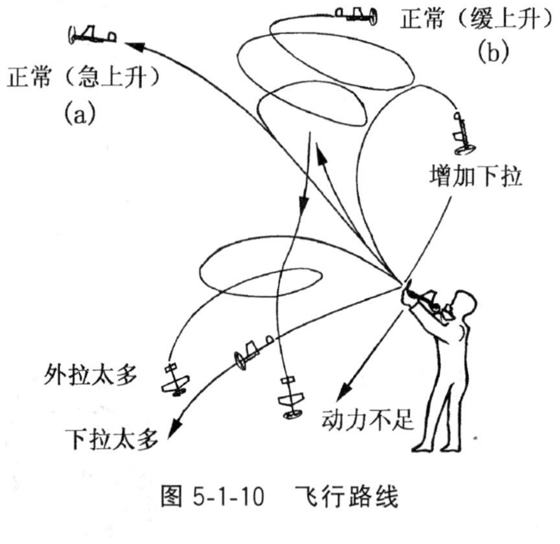

图 5-1-10　飞行路线

这两种上升姿态各有长处和短处，到底采用哪种，要根据橡筋的性能和对模型飞机掌握的熟练程度来确定。扭力较大、可绕圈数较少的短粗橡筋适合急上升；而扭力较小、可绕圈数较多的细长橡筋束适合缓上升。急上升模型飞机调整不容易掌握，有时还会造成事故。缓上升模型飞机的调整比较容易掌握，适合初学者采用。

（7）调整飞行方式

橡筋动力型飞机常用的飞行方式有两种：右盘旋上升、右盘旋滑翔和右盘旋上升、左盘旋滑翔。

右上升、右滑翔的飞行方式主要靠在垂直尾翼上加一个右舵来实现。这种飞行方式的优点是上升盘旋和滑翔盘旋方向一致，模型飞机的飞行轨迹比较稳定，容易在起飞时将模型飞机控制在上升气流区域内，提高飞行成绩。采用这种方式，模型飞机出手的角度要掌握好，否则上升时容易右旋过大，影响上升高度。

右上升、左滑翔飞行方式主要靠在垂直尾翼上加一个左舵来实现。为了能做到右上升，螺旋桨要加一个较大的右拉角来克服左舵所带来的左倾力矩。这样会损失一部分橡筋能量，影响上升高度，而且上升盘旋和滑翔方向相反，模型飞机的飞行轨迹容易变动。这种飞行方式的优点是舵面作用和拉力线作用相反，模型飞机上升初期速度很大，舵面作用比右拉作用强，可以减小右倾角度，有效地争取上升高度，而且出手的角度和方向也不像第一种上升方式要求那样严格，容易掌握。

每架模型飞机的飞行特性都不尽相同，只要按模型飞机的飞行原理，认真调整，逐步增大橡盘筋的绕数，模型飞机一定会飞得又高又稳。

二、木构架初级橡筋动力模型滑翔机制作

这一节主要介绍一种使用 2 克橡筋作为动力的初级模型飞机，其三视图见图 5-2-1。这架模型飞机的机翼和尾翼都采用木

构架方法制作，翼面蒙薄膜。机翼剖面薄而弯曲，适合于低速飞行。这架模型飞机机身是一根木杆。螺旋桨及机头使用桐木片和铝皮制作。这架模型飞机有收桨机构，在橡筋放松后，螺旋桨失去了旋转时的离心力，在收桨弹簧的作用下，两片桨叶会向后方

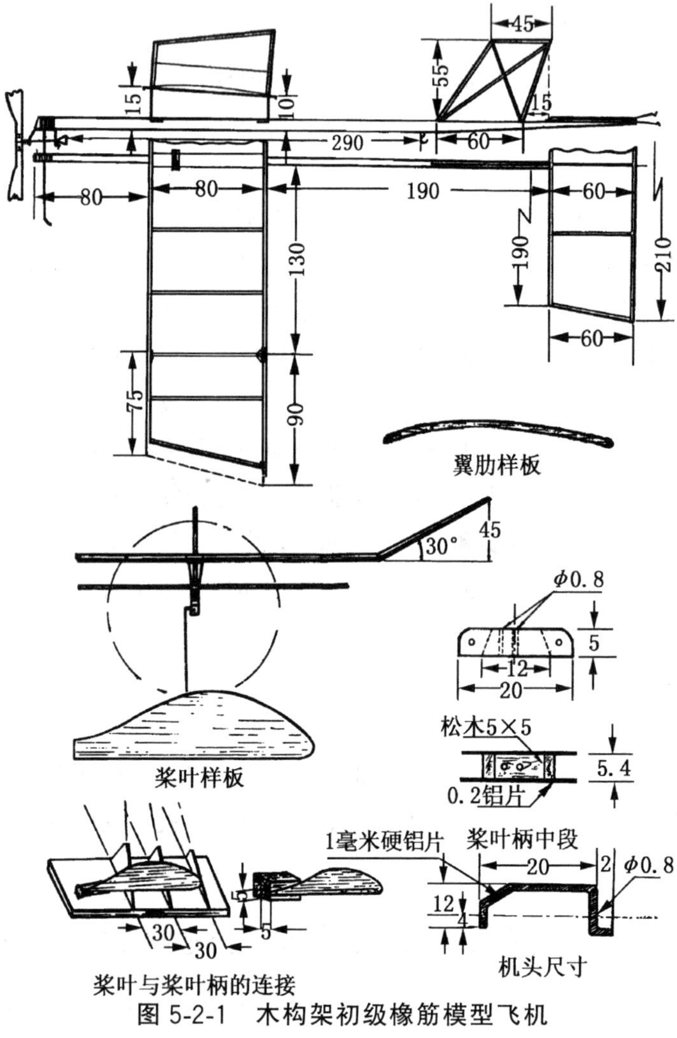

图 5-2-1　木构架初级橡筋模型飞机

折起，从而减少阻力。这架模型飞机是为有一定制作基础的初学者设计的。它的特点是：质量轻，较容易制作，安定性好，调整方便。缺点是橡筋暴露在外面，容易沾上灰尘，而且空气阻力比较大。

1. 制作材料

制作这架初级橡筋动力模型飞机所用材料见表 5-2-1。

表 5-2-1　木构架初级橡筋动力模型飞机所用材料

部位	用途	材料	规格（毫米）	数量
机翼	前、后缘	桐木条	2×2×1000	1 条
	翼肋	桐木片	1×55×160	1 片
	翼面	塑料薄膜	150×500	1 张
	翼尖	桐木条	2×2×90	2 条
尾翼	前、后缘	桐木条	2×2×800	1 条
	翼肋	桐木条	1×2×300	1 条
	翼面	薄塑料薄膜	70×300	1张
	翼（支架）台	钢丝	ϕ0.6×100	1 根
机身	翼台	竹丝	ϕ1.5×100	2 根
动力系统	橡筋束	橡筋	1×1 或 1×2	2 克
	螺旋桨	桐木片	0.75×30×90	2 片
	铝片	铝（硬）条	1×4×50	1 条
	桨轴	钢丝	ϕ0.8×100	1 条
	小弹簧	钢丝	内径 1.5 毫米，长 10 毫米	1 条
	桨叶柄	桐木	5×5×40	1 条
	桨叶柄（中）	松木	6×5×12	1 条
	桨叶柄（中）夹	铝片	0.2×5×50	1片

续表

部位	用途	材料	规格（毫米）	数量
起落架	起落支架 尾钩	钢丝	ϕ0.6×250 ϕ0.6×90	1根
其他		白胶、白板纸		适量

2. **机翼制作**

翼肋的制作。按图5-2-1中1∶1的翼肋样板图形的上弧线，用1毫米厚的松木片或0.5毫米厚的胶木片，做一个如图5-2-2所示的翼肋切割样板。使用手工刀尖按样板的弧形线，在1毫米厚的桐木片上，从上至下每隔2毫米宽裁一个弧，这样一共裁出12个翼肋，操作方法如图5-2-3所示。

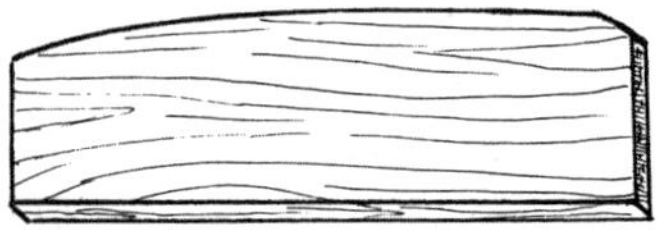

图5-2-2　翼肋切割样板

图5-2-3　翼肋制作

按图5-2-4的图形，绘制一张制作机翼的工作图。将工作图放在一块平整的工作板上，在机翼图形前、后缘线处各钉上一条厚2毫米左右、边缘平直的长木条作为夹板，如图5-2-5所示。

在紧靠着前、后缘的长木条边缘，分别固定好机翼的前、后缘（2毫米×2毫米桐木条）。再分别按图纸的要求，使用快干胶粘好翼肋及翼尖（2毫米×2毫米桐木条），如图5-2-6所示。

待胶水干后，拔除前、后缘夹板，取出机翼的骨架。把前、

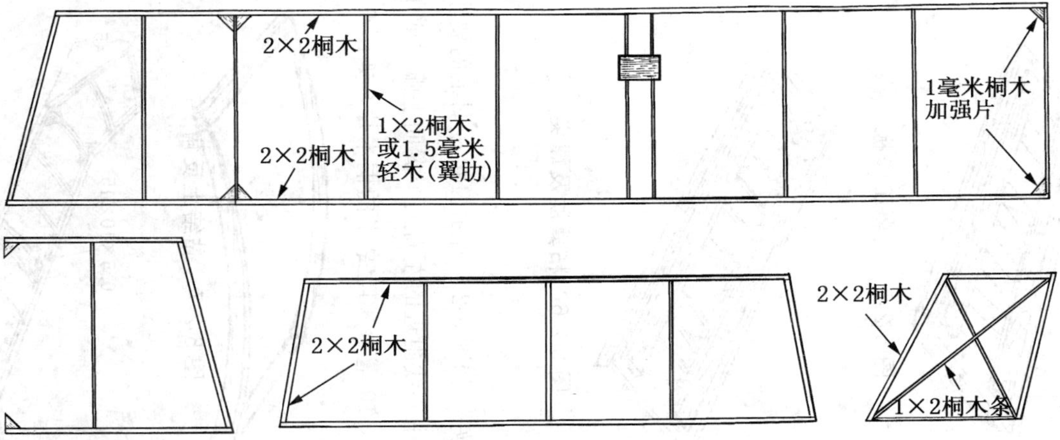

图5-2-4　机翼与尾翼工作图

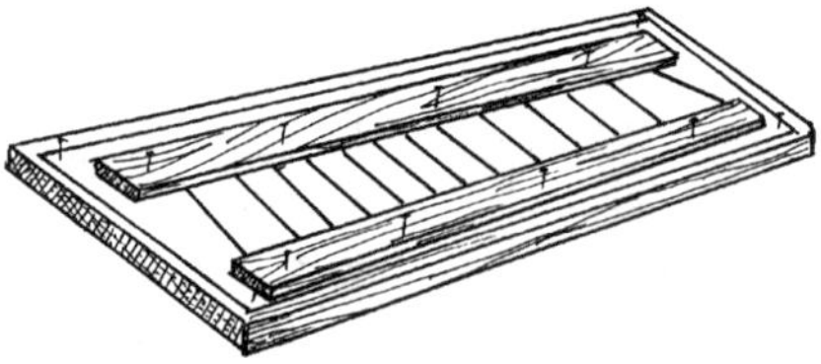

图 5-2-5　机翼工作板

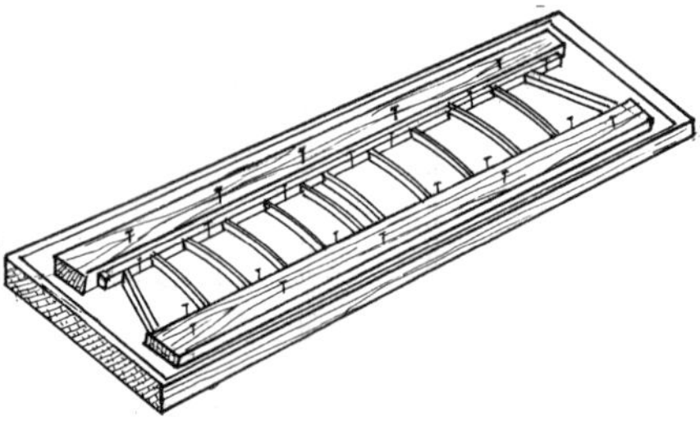

图 5-2-6　粘翼肋及翼尖

后缘的形状加工好，如图 5-2-7 所示。再按图纸的要求黏结好上反角；并在机翼中心线附近的左右两个翼肋上弧线前 1/3 处，粘上一块 0.5 毫米×10 毫米×15 毫米的桐木片，如图 5-2-8 所示。

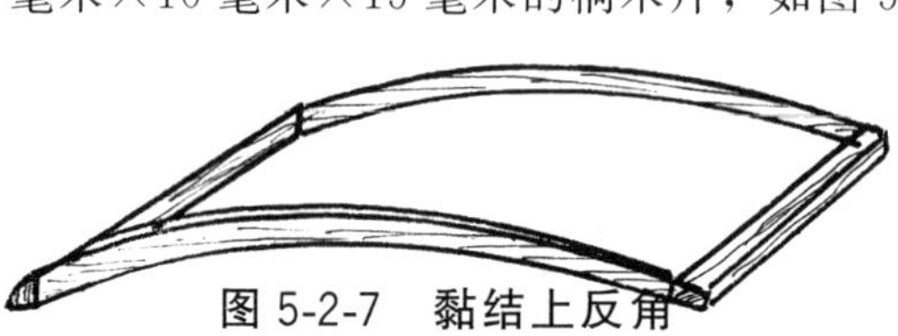

图 5-2-7　黏结上反角

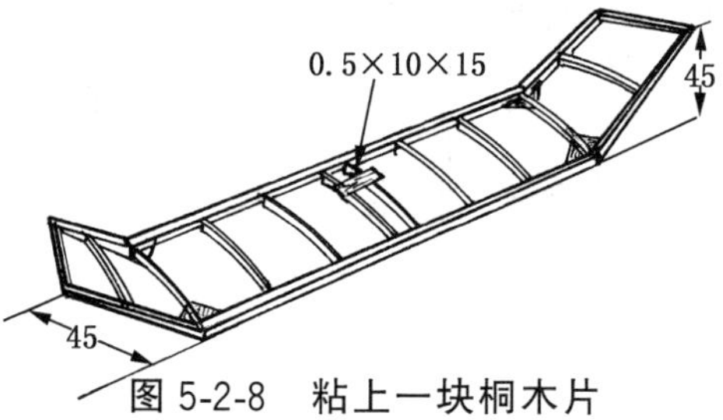

图 5-2-8　粘上一块桐木片

最后在机翼骨架的上方，蒙上一层塑料薄膜，如图 5-2-9 所示。这样，机翼就制作完成了。

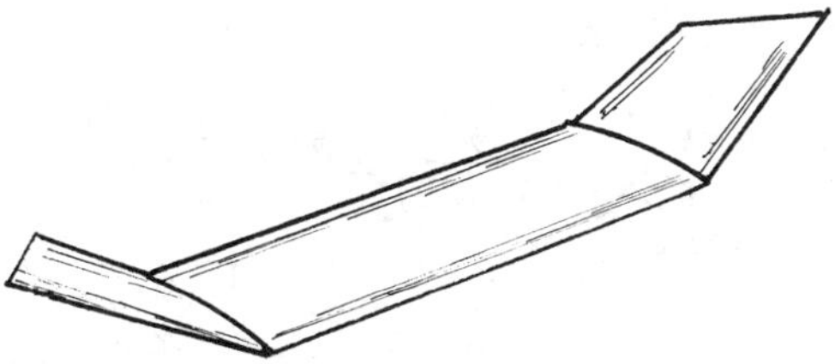

图 5-2-9　蒙上翼面

3. 机身制作

取一根 4 毫米×5 毫米×40 毫米的桐木条，从离机头 310 毫米处开始，向机身末端约 1/2 宽度处，用小刀削成斜面，如图 5-2-10 所示。

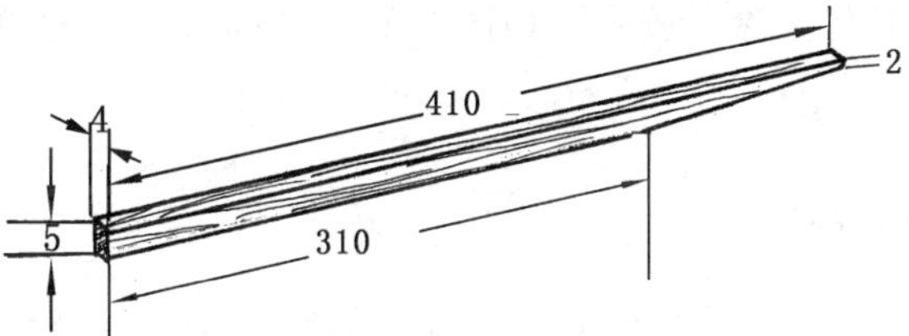

图 5-2 -10　机身木条

按图 5-2-1 中机头尺寸，用 1 毫米厚、宽 4 毫米、长 47 毫米的硬铝条折弯而成，并从水平方向钻一个直径为 0.8 毫米的通孔。最后用细棉线将机头捆扎在机身的机头一端，见图 5-2-11 所示，并涂上胶水。

用尖嘴钳将直径 0.6 毫米的细钢丝按图 5-2-11（a）、（b）的尺寸大小折弯成翼台前、后支架的形状，并用细棉线捆扎在机身的规定处，并在细棉线上涂胶水。最后，取两根长100毫米、直径1.5毫米的细竹丝，用细棉线捆扎在翼台支架的上方（前、后各伸出翼台支架10毫米）。

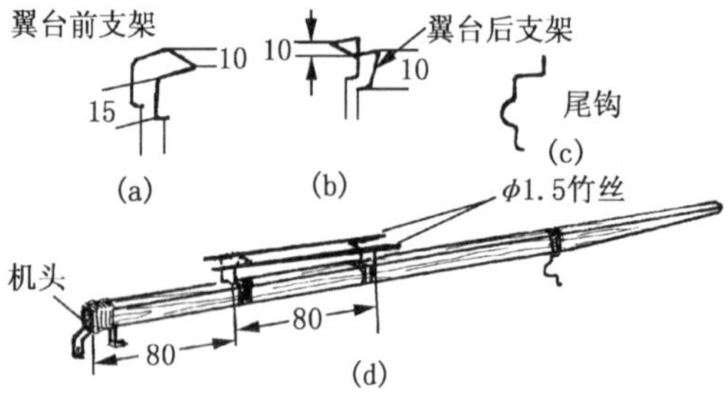

图 5-2-11 机身

将直径0.6毫米细钢丝，按图5-2-11（c）所示的图形尺寸，用尖口钳折弯成尾钩形状，在离机头290毫米处，钉入机身，用细棉线捆扎好并涂上胶水，如图5-2-11（d）所示。这样机身就制作好了。

4. 尾翼制作

将5-2-4尾翼工作图复印下来，将图纸放在平整的工作板上，按图上的要求，使用2毫米×2毫米和1毫米×2毫米的桐木条，分别用胶水黏结成形。制作方法与机翼构架的制作过程一样，只不过尾翼肋是平直的，使用1毫米×2毫米木条直接黏结就行了。

将制作好的垂直尾翼直接用白胶粘到机身上，如图5-2-12所示。取两片1毫米×8毫米×10毫米的桐木片，用白胶粘在机身末端，制作成水平尾翼的翼台。取一根直径0.5毫米的钢丝弯成如图5-2-12所示形状，并用细棉线捆绑在机身末端并涂上胶水，用于固定水平尾翼。

将制作好的水平尾翼骨架的中心翼肋上，捆绑上一根用直径 0.5 毫米细钢丝制作的迫降钩，如图 5-2-13 所示。最后，在垂直尾翼和水平尾翼的上表面分别蒙上塑料薄膜，这样尾翼部分就制作好了。

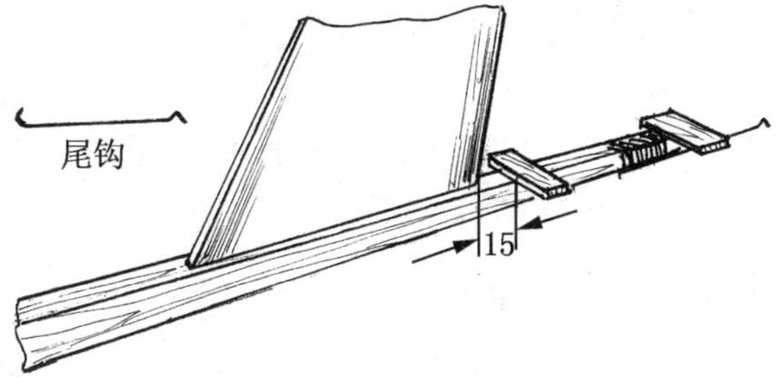

图 5-2-12　粘垂直尾翼

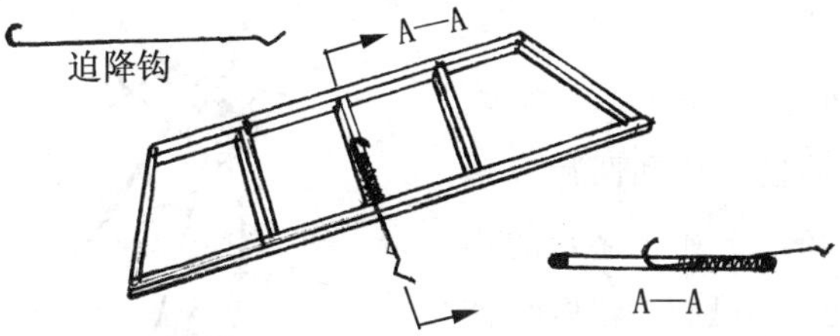

图 5-2-13　水平尾翼

5. 螺旋桨制作

用白板纸按图 5-2-1 桨叶样板的图样，制作一个桨叶样板。然后在 0.75 毫米厚的桐木片上按照样板切下两片桨叶。用细砂纸轻轻把桨叶片由根部到尖部逐渐磨薄，桨尖处大约只有 0.3 毫米厚。

找一个直径 100 毫米左右的玻璃瓶，用湿毛巾把桨叶片擦过以后，用纱布条绑在瓶子上，24 小时以后取下来，桨叶就成弧形的了。绑桨叶时要使桨叶的中心线和瓶子的中心线之间有 45° 左右的夹角，这样才能使叶片扭曲，见图 5-2-14。

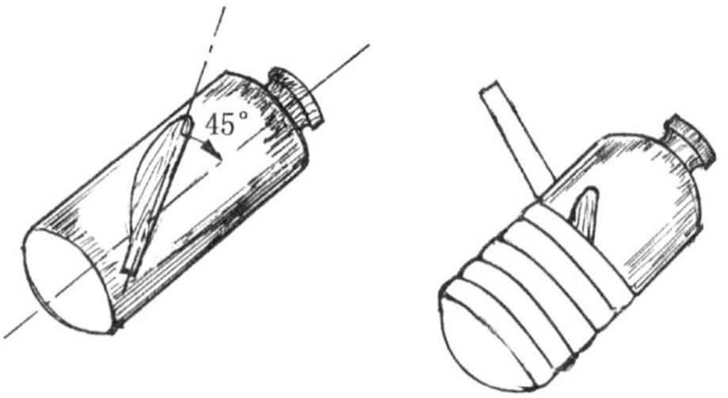

图 5-2-14　桨叶制作

用两根 5 毫米×5 毫米×20 毫米桐木条，按图 5-2-1 中桨叶与桨叶柄的黏结方法黏结好。

用一小段 5 毫米×5 毫米×12 毫米的松木块和两片 5 毫米×20 毫米、厚 0.2 毫米的铝片按图 5-2-1 中螺旋桨桨叶柄制作图制作。

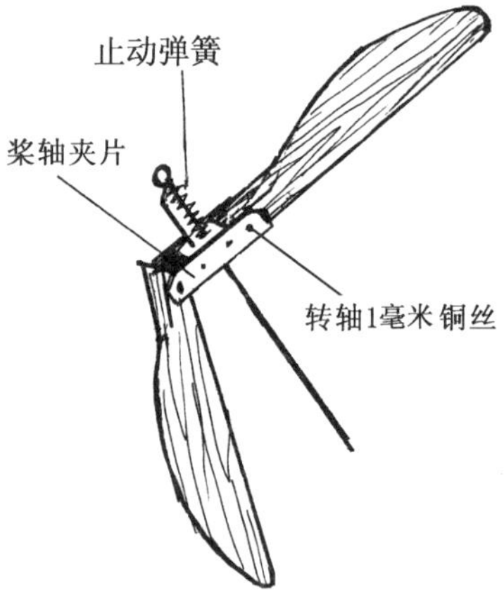

图 5-2-15　桨叶与桨叶柄连接

桨叶与桨叶柄连接如图 5-2-15所示。这种结构的优点是，当橡筋束带动螺旋桨旋转时，桨叶靠着旋转时的离心力而张开，当橡筋束停止工作以后，桨叶在气流的作用下，自动折叠。它可以把空气阻力减小 80%～90%。

螺旋桨与机头的装配。在螺旋桨桨轴的中心孔内穿过一根由直径为 0.6 毫米钢丝折弯成图 5-2-16（a）所示形状的桨轴，并在桨叶轴前方套入一只内径为 2 毫米的小弹簧作为止动弹簧。最后将桨轴穿入机头的轴孔内，并把桨轴末端折弯成图 5-2-16 所示的形状。这样机头部分就制作完成了。

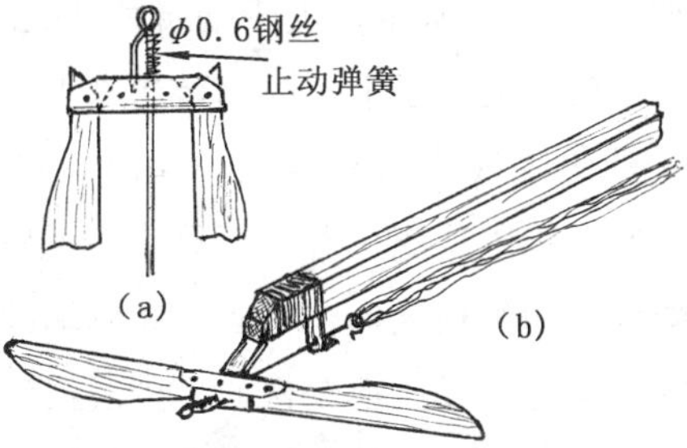

图 5-2-16 螺旋桨装入机头

6. 总装

这种橡筋动力模型飞机的总装很简单，先用 1 毫米×1 毫米的橡筋结成 O 形圈，直接将机翼与水平尾翼捆绑在机身上的机翼与水平尾翼的翼台上，如图 5-2-17 所示。

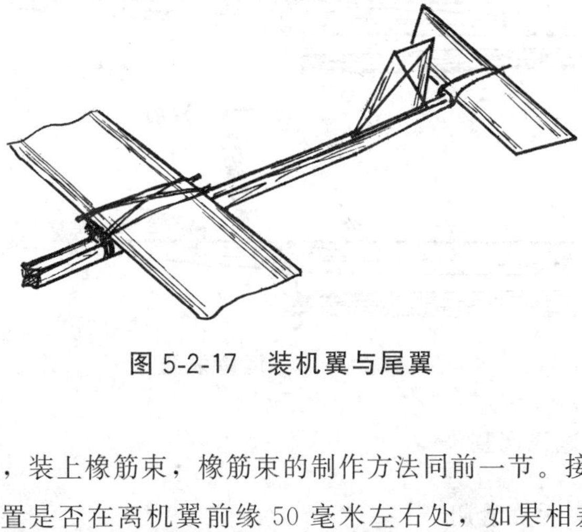

图 5-2-17 装机翼与尾翼

然后，装上橡筋束，橡筋束的制作方法同前一节。接着检查看重心位置是否在离机翼前缘 50 毫米左右处，如果相差太多，可视情况增加起落架的质量或是去掉起落架来调整。

模型飞机调整好后，可以飞得很高。在模型飞机“吃上”上升气流后，容易飞出视线。为此，模型飞机设计上增加了迫降装置，安装过程如图 5-2-18 所示。由于捆绑水平尾翼的橡筋只挂在水平尾翼上表面的橡筋钩子上，因此，当水平尾翼后部的迫降线钩与机身末端的迫降线钩没有绑在一起时，水平尾翼会向上翘，它们之间应有一根限位线拉着，不致使水平尾翼拉翻。飞行时，应把两迫降线钩用细棉线捆在一起，在捆绑的棉线中夹进一段迫降线。迫降线由灯芯或质地较松的粗棉线浸泡过高锰酸钾或硝酸钾溶液晾干后而制成。控制飞行时间，就取决于迫降线的长短。起飞时点燃迫降线，当迫降线烧断捆绑的棉线后，水平尾翼就被前面捆绑水平尾翼的橡筋拉起，使水平尾翼相对迎角变大而失速，模型飞机平稳地垂直降落。迫降过程就是这样的。

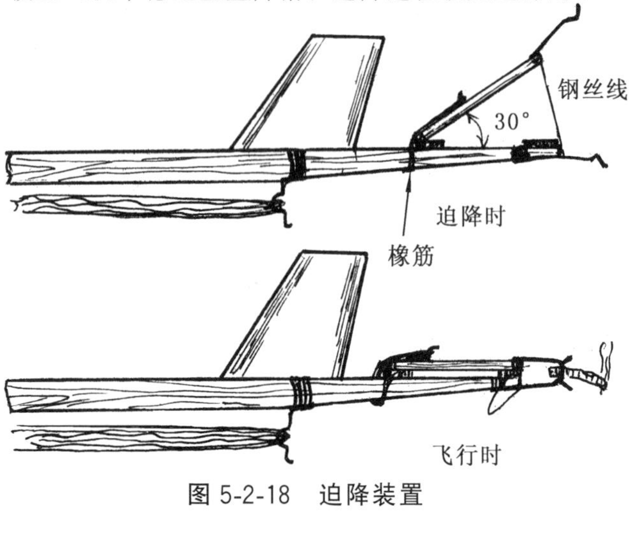

图 5-2-18　迫降装置

7. 试飞调整

（1）手掷滑翔

橡筋动力模型飞机的手掷试飞的方法同其他种类模型飞机的基本一样。但我们前面所介绍的几种模型飞机由于它们的水平尾翼都是固定的，在调整模型飞机的“头轻”或“头重”时，只能用增加机头的配重和减小尾翼升力来解决（即把水平尾翼后缘向上扳）。而这架模型飞机，由于水平尾翼是可以活动的，因此在对模型飞机滑翔时出现的“头轻”或“头重”的飞行状态进行调整时，只要用垫片的方法来调整。如果出现滑翔飞行时“头轻”（也称波状飞行现象），可以在水平尾翼前缘与翼舌之间增加一块小木片，木片的厚度可以视“头轻”程度来决定，可逐步增加垫片的厚度，直至模型飞机能平稳地下滑为止。同理，“头重”问题可在水平尾翼后缘与翼台之间加垫片来解决。调整结束后，应使用胶水将垫片粘在机身的水平尾翼翼台上。

（2）动力试飞

这可以参照上一节吹塑纸橡筋动力模型滑翔机的动力试飞调整的方法调整，这里不再作具体介绍。

（3）橡筋的使用

要使橡筋动力模型飞机上升得更高，就要充分利用橡筋束的能量，下面介绍几种简易可行的方法。

①涂抹润滑剂。新买来的橡筋不能马上使用。先要用温水浸泡一会，用碱性小的肥皂（或香皂）把它上面的滑石粉清洗干净。晾干后，在橡筋束上涂抹上一点甘油或者蓖麻油。涂抹上这些润滑剂，可以减少橡筋束在旋转时的摩擦力，这对充分发挥橡筋的作用是十分必要的。目前，国内外有不少人在研究更好的润滑剂。有人把橡筋的表面做成布纹状，使润滑剂藏在布纹里；也有人在绕橡筋束前，在橡筋束上涂抹中性洗涤剂润滑，好处是使用后好清洗。

②预绕。涂好润滑剂后还不能马上使用，还要进行预绕。每次预绕的转数是最大可绕转数的50%～70%。最大可绕转数可以用简单的方法来测定：取一根刚买来的橡筋，用手摇旋绕器一

直绕到橡筋束断裂为止的绕转数，大约就是这一批橡筋同样质量与长度橡筋束的最大可绕转数。但预绕的次数也不能太多，预绕次数多了，虽然可以增加最大可绕转数，但是单位能量却减少了。预绕几次比较合适，要针对不同品种的橡筋，用实验方法测定。一般来说，预绕2～4次，橡筋就能处于最佳状态。

③防冷防热。温度对橡筋的性能有很大影响，一般在25℃左右时橡筋的性能最好，高温和低温都会使橡筋变得易断。不要粘上砂粒，否则橡筋旋紧的时候，砂粒会像刀子一样把橡筋切断。使用完毕要妥善保管，最好把橡筋放在大口的保温瓶内，长时间不用时要洗去润滑剂，撒上滑石粉。

三、无线电遥控弹射模型滑翔机

无线电遥控模型飞机是航空模型中最吸引人的项目。近年来，无线电遥控模型飞机发展很快，用于普及的泡沫塑料遥控模型飞机已经进入儿童玩具的行列；大型的无线电遥控模型飞机可以制作得像真飞机一样，飞行动作也同真飞机十分相似，它们已成为城市部分模型发烧友的首选。超小型的无线电遥控模型飞机的翼尾只有0.3米，总质量只有100克左右。竞赛用的无线电遥控特技模型飞机飞行动作日趋复杂，技术难度越来越高。

随着无线电电子技术的发展，目前超小型比例设备机上部分的总质量只有几十克，大大促进无线电遥控模型飞机向小型化、普及化的方向迅速发展。可以预见，今后，无线电遥控模型飞机在整个航空模型中所占的比例将大大增加。

1. 无线电遥控基本原理

无线电遥控设备包括由地面上的操纵者使用的发射机和安装在模型飞机上的接收设备，如图5-3-1所示。模型飞机上的接收设备由电池、接收机和舵机三部分组成。电池给接收机和舵机供应电能。接收机把接收到的发射机发出的无线电信号转变成控制舵机转动的信号。

图 5-3-1 遥控设备

舵机是一个电机转换机构，除无线电元件外，里面还有电动机和齿轮组，外面有摇臂，摇臂通过连杆同方向舵、升降舵等需要控制的部件相连。图 5-3-2 是舵机控制方向舵的示意图。当舵机里的电动机旋转，通过齿轮组使摇臂逆时针转动的时候，由连杆带动方向舵左转。同理，当摇臂顺时针转动时，由连杆带动方向舵右转。从而达到控制模型飞机向左或向右飞行的目的。

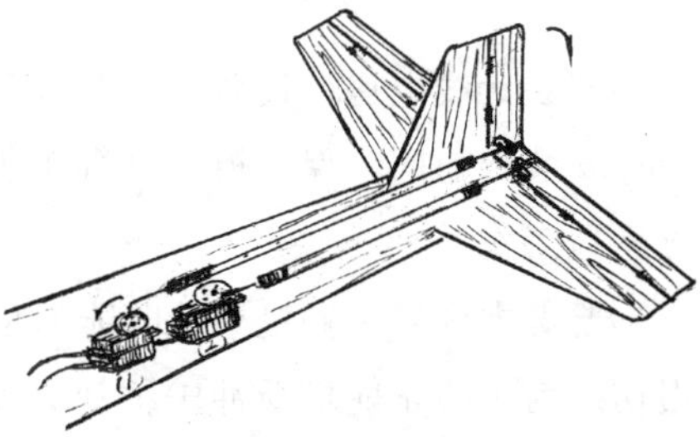

图 5-3-2 舵机控制方向

如今普遍使用的是 5-3-1 所示的比例式无线电遥控设备。当地面上操纵者拨动发射机上的两根操纵杆（类似电子游戏机上的游戏杆）时，发射机测出操纵杆的方向和角度，并把这些信号传送到装在模型飞机上的另一部分——接收机上，接收机收到信号后，通过转换、放大，再传给舵机，舵机上的摇臂也相应地偏转一个角度。操纵杆偏转的角度小，摇臂偏转的角度也小；反之，操纵杆偏转的角度大，摇臂偏转的角度也大，两者的偏转角度和速度都是成比例的，所以叫做比例遥控。

无线电遥控设备有单通道、两通道、多通道等多种。单通道遥控设备只能控制一个舵机；两通道可以控制两个舵机；多通道可以控制多个舵机。如果有一个两通道的遥控设备，就可以用来控制方向舵和升降舵。如果有一个四通道的设备，除了控制方向舵和升降舵外，还可以用来控制发动机的油门和副翼。当然，无线电遥控设备通道数越多，遥控设备价格就越高。选择几通道的遥控设备要看使用者的模型飞机需要的通道数，一般来说初级遥控模型滑翔机只要两通道遥控设备就够用了。

2. 无线电遥控设备安装

安装无线电遥控设备要注意以下三点：

安装要稳固，保证模型飞机在各种飞行姿态下遥控设备都能可靠地工作。

要考虑到发生摔机事故时能够尽量保护设备不受损伤或少受损伤。为了防止舵机受冲击损坏，安装舵机时要加橡胶缓冲垫。为了保护接收机，要用橡胶海绵把接收机包好。为了防止电池撞击接收机，要把电池放在设备舱的最前面。

舵机的安装方位要准确，使摇臂通过连杆对舵面的控制灵活有效。连杆的长短要合适，使摇臂顺转、逆转自如，不得有碰刮的感觉。

3. 无线电遥控模型滑翔机的制作

图 5-3-3 所示的是一架无线电遥控手掷、弹射滑翔机的工作图。它具有制作简单、飞行无噪音、无污染等优点。是广大中小学生和航模爱好者制作操纵遥控模型飞机入门的首选。

4. 制作材料

无线电遥控模型滑翔机所用材料见表 5-3-1。

表 5-3-1　无线电遥控模型滑翔机所用材料

部位	用途	材料	规格（mm）	数量
机翼	前缘	轻木条	6×4×1000	2 条
	后缘	轻木条	3×20×1000	2 条
	上下梁	松木条	5×2×1000	4 条
	翼肋	桐木条	1×55×1000	3 条
	蒙皮	热缩膜或涤纶薄膜	40×1500	1 张
	上下梁加强片	桐木片	1×11×47	14 片
	翼尖	轻木块	11×30×140	2 块
	上反角加强片	3 毫米厚松木	图 5-3-4（9、10）	1 块
				2 块
机身	侧板	轻木片	3×70×1000	2 块
	上下板	轻木片	3×40×1000	2 片
	加强条	轻木条	5×5×1000	4 条
	隔框	2 毫米航空层板	图 5-3-4（1～8）	各 1 片
	橡筋竹销	竹子	ϕ5×70	2 根
	机头	桐木条	40×40×40	1 块
垂直尾翼	垂直尾翼	轻木条	1.5×90×550	1 条
	前缘	桐木条	5×5×300	1 条
	肋片	2 毫米层板、桐木片	图 5-3-4（11）	3 片
	后缘	轻木条	3×20×220	1 条
水平尾翼	前、后缘	桐木条	4×4×1000	1 条
	翼肋	桐木条	2×4×1000	1 条
	蒙板	轻木片	1×70×400	3 片
其他		铰链 6 副、2.5 钢丝少许、软连接杆、白胶 502		适量

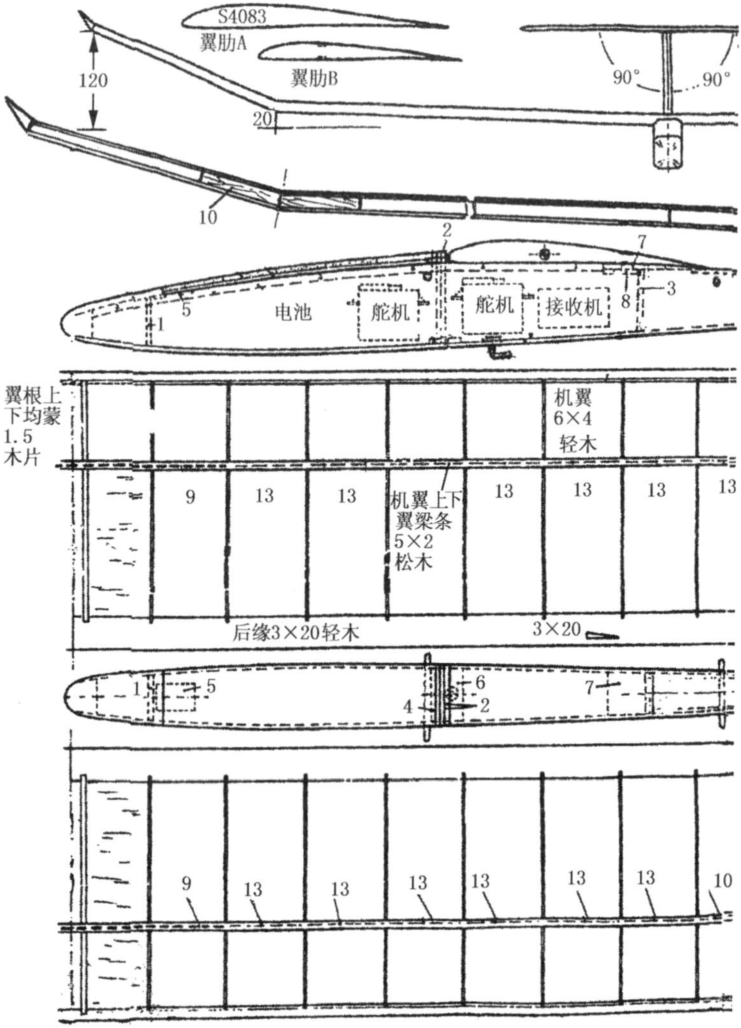
S4083
翼肋A
翼肋B
120
20
90°
90°
10
2
7
3
5
1
电池
舵机
舵机
接收机
8
翼根上下均蒙1.5木片
机翼6×4轻木
9
13
13
机翼上下翼梁条5×2松木
13
13
13
13
后缘3×20轻木
3×20
1
5
6
4
2
7
9
13
13
13
13
13
13
10

图5-3-3　无线电遥控滑

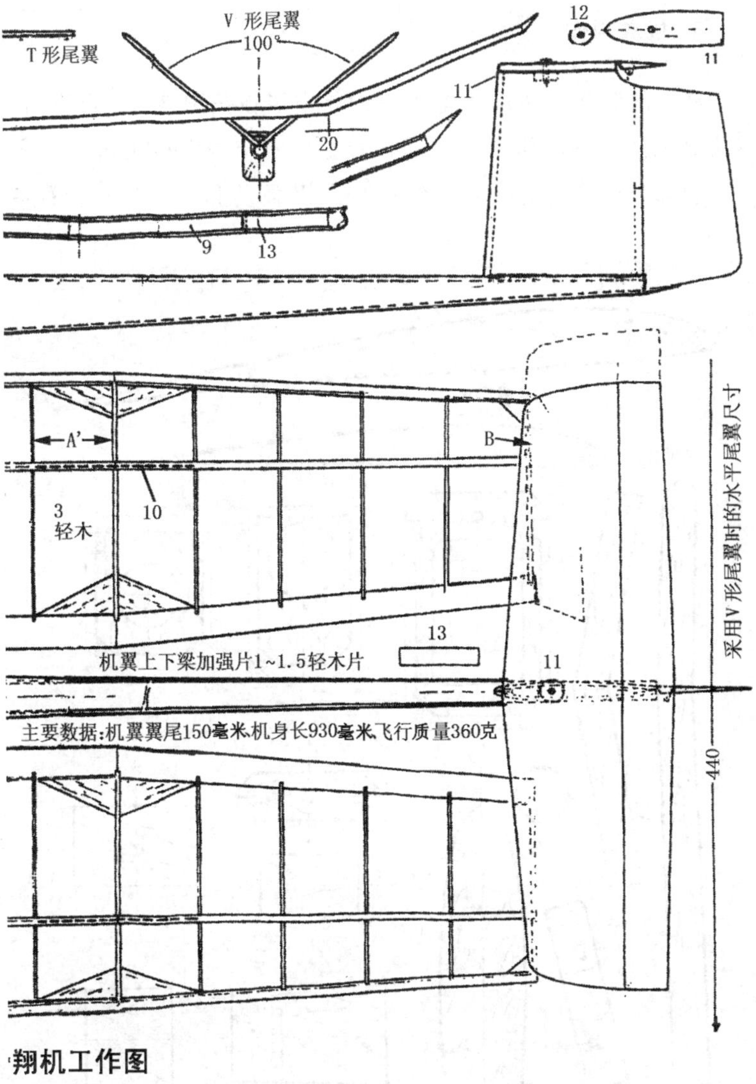
V 形尾翼
100°
T 形尾翼
12
11
11
20
9
13
A'
B
10
3
轻木
13
机翼上下梁加强片1~1.5轻木片
11
主要数据:机翼翼尾150毫米 机身长930毫米 飞行质量360克
采用V形尾翼时的水平尾翼尺寸
440

翔机工作图

5. 机翼制作

翼肋的制作。使用 1 毫米厚的航空层板按图 5-3-4 翼肋 A、翼肋 B 的图形各制作 2 片翼肋样板。按木结构模型飞机一节中的翼肋部分要求，制作出机翼中段 22 片翼肋和上反角左、右各 6 片的翼肋。

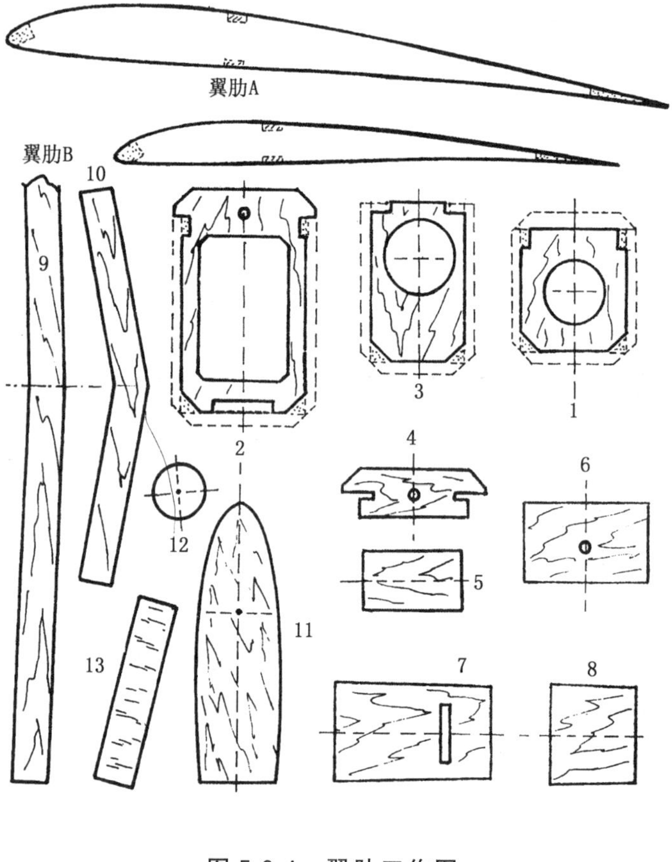

图 5-3-4　翼肋工作图

机翼构架的黏结。用一张白板纸按三视图中的尺寸，在纸上画好制作机翼用的平面图。注意应该把机翼中段，即矩形部分画一幅，左、右两上反角画一幅，如图 5-3-5 所示。用 6 条边缘平直的木条作为机翼构架黏结过程中的前、后缘夹板，将夹板钉在机翼前、后缘的线外，紧挨着夹条固定好前后缘，就可以按图纸中翼肋的位置，逐个粘好。待胶水干透后，取下机翼的骨架，再进行中段上反角及两翼上反角的黏结，如图 5-3-6 所示。

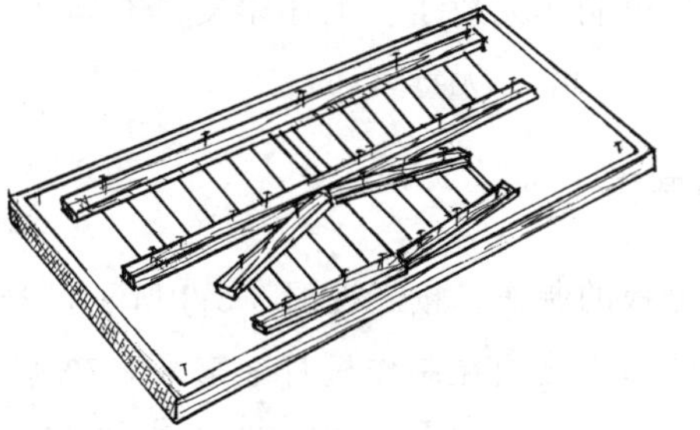

图 5-3-5　机翼构架的黏结

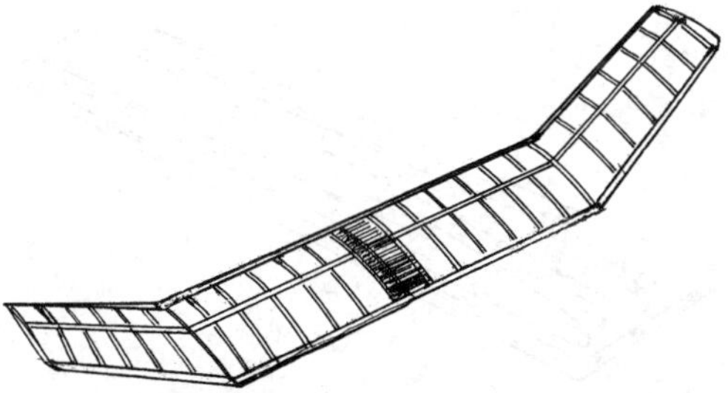

图 5-3-6　机翼中段上反角及两翼上反角的黏结

最后将制作两翼尖的轻木块与翼尖最后一片翼肋用胶水粘紧，待胶水干透后，再削制成形。最后还得将前、后缘也削制成形。

机翼的骨架黏结好后，还使用蒙皮材料，在机翼骨架的外表（上下表面）蒙上一层蒙皮。蒙皮的材料有多种，本节主要介绍使用热缩薄膜蒙皮的方法。热缩薄膜蒙皮有进口与国产两种，主要区别是进口热缩薄膜蒙皮较薄，但价格要贵许多。近来国产热缩薄膜蒙皮的质量也有所提高，但它的厚度比进口稍厚。使用热缩薄膜蒙皮的操作十分方便，只要将裁好的热缩薄膜蒙皮，用电烫斗（最好是可调温的，调到中温）将其直接烫粘在机翼的骨架上。这样机翼就制作完成了。上述蒙皮具有防水、防油的优点，而且操作过程无污染、无毒害。

6. **机身制作**

左、右侧板的制作。按三视图 5-3-3 所示机身侧面图形的尺寸，将侧面图形直接画在制作机身 3 毫米×70 毫米×1000 毫米的轻木板上，如图 5-3-7 所示。使用刀子将侧板裁下后，按图线加工成形，最后再复制一块。这样，左、右侧板就加工好了。

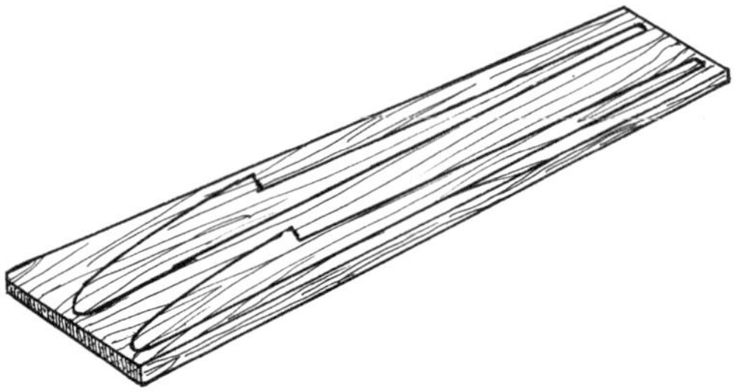

图 5-3-7　机身工作图

隔框的制作。使用 2 毫米厚的航空层板，按图 5-3-4 中 1～8 的图形加工好隔框及隔板。

机身骨架的黏结。由于这架模型飞机的机身是木结构硬壳式的构造，因此只要将机身侧板与隔框黏结好，机身就基本制作完成，方法可参阅第三章第二节硬壳式机身部分。具体操作方法见图 5-3-8。按俯视图所示机身的宽度裁好上、下两片（应扣除侧板的厚度）。并在上、下两片内侧边缘上粘上 4 根 5 毫米×5 毫米三角形加强木条，最后再与机身两侧板粘好。

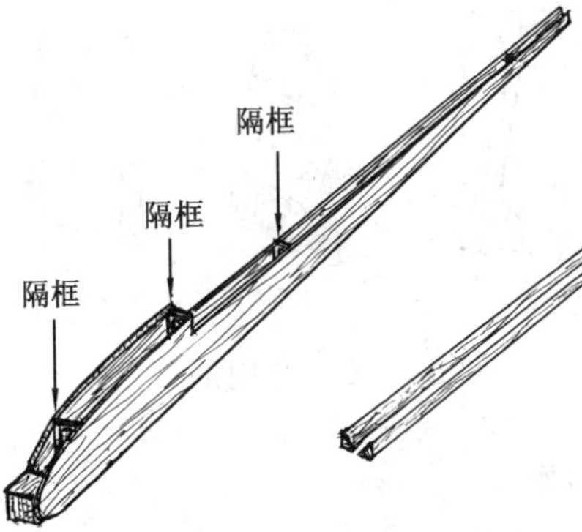

图 5-3-8　黏结机身

机头使用 40 毫米×40 毫米×40 毫米的桐木块，黏结前应把俯视方向的宽度画好，并削制好后，直接与机身侧板黏结好，最后再用小刀削制成型。

7. 垂直尾翼制作

按图 5-3-4 中的 11、12 图形，用 2 毫米厚航空层板制作好肋片。再用 1 毫米桐木片复制两片，长度应加长至 90 毫米，前缘应开挖好 5 毫米×5 毫米的槽口，然后与后缘木条黏结成型，如图 5-3-9 所示。最后在外头蒙上一层 1 毫米厚的轻木片。

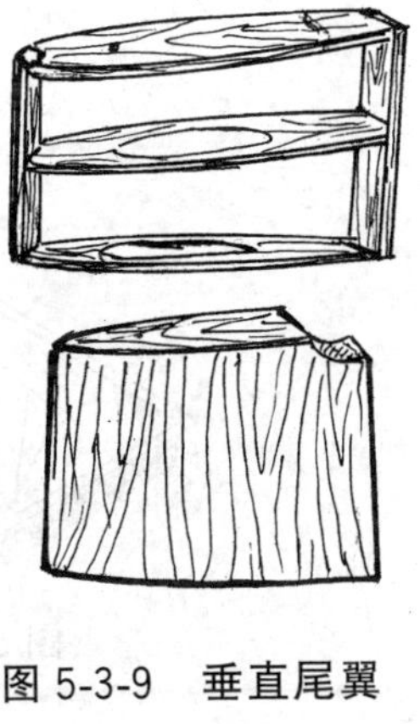

图 5-3-9　垂直尾翼

方向舵的制作。在 1.5 毫米厚的轻木片上画好方向舵的图，如图 5-3-10（a）所示。将其裁下，并在上面按方向舵的厚度粘好肋条，如图（b）所示。最后再蒙上一片 1.5 毫米厚的轻木片，这样，方向舵就制作好了，如图（c）所示。

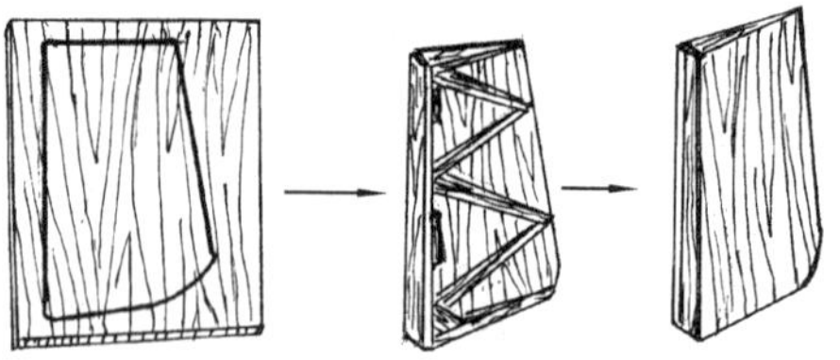

图 5-3-10　方向舵

8. 水平尾翼制作

在 1 毫米×70 毫米×400 毫米的轻木片上，画好水平尾翼的俯视图，如图 5-3-11 所示。用 4 毫米×4 毫米的木条按图形粘好前后缘，再用 2 毫米×4 毫米木条粘好肋条，如 5-3-12 所示。待胶水干透后，再蒙上一层 1 毫米厚的轻木片，这样水平尾翼就制作好了。

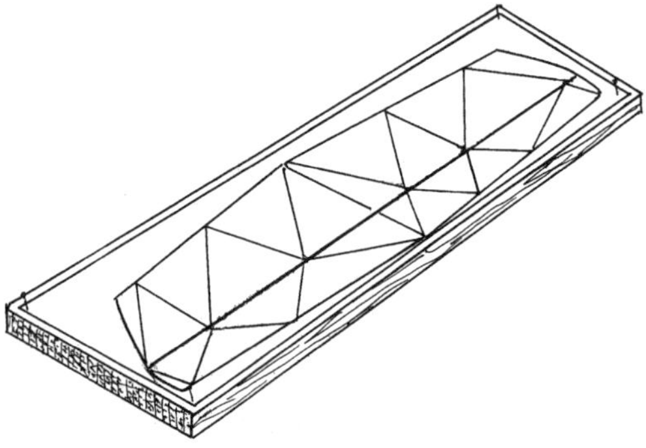

图 5-3-11　水平尾翼工作图

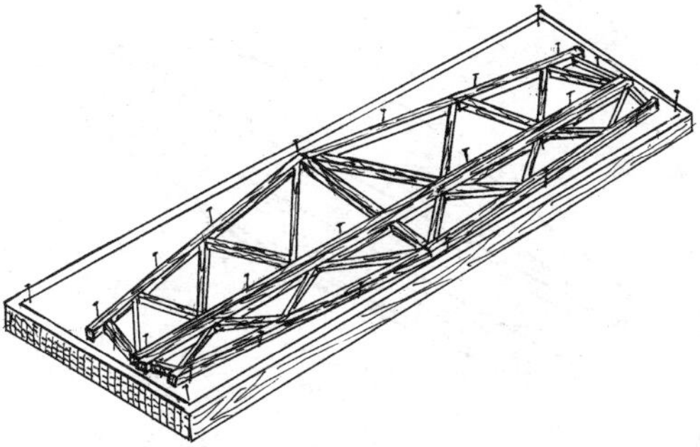

图 5-3-12　水平尾翼

9. 总装

在机身末端上方与垂直尾翼黏结处开挖一个孔（用于穿控制绳），然后将垂直尾翼用胶水粘在机身尾部的上方，如图 5-3-13 所示。最后使用两片涤纶铰链将方向舵固定在垂直尾翼安定面上。

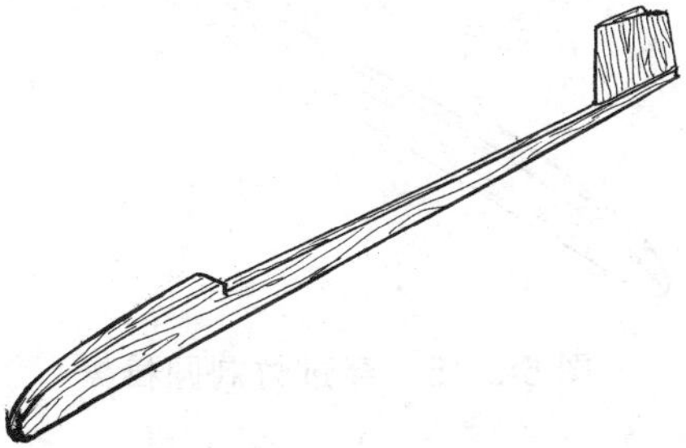

图 5-3-13　粘垂直尾翼

将水平尾翼升降舵的前缘削成一个斜边，如图 5-3-14 所示。用 4 片涤纶铰链将升降舵与水平安定面粘接在一起，再将水平尾翼用螺丝固定在垂直尾翼上方。最后在方向舵与升降舵的规定部位固定上摇臂（与舵机连接用的摇臂）。

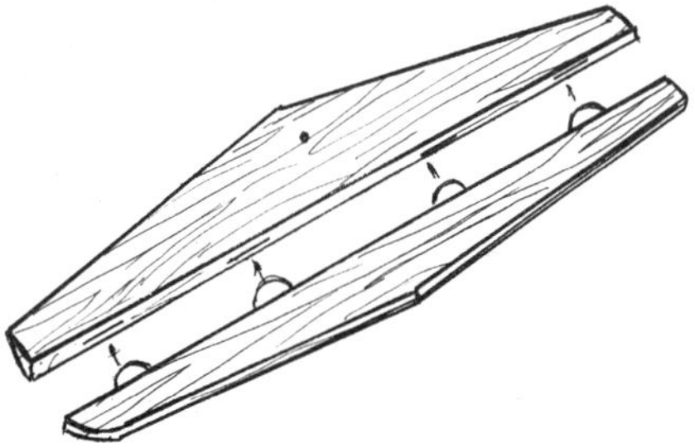

图 5-3-14　装升降舵

在机身安装机翼部位，离机翼前、后缘 10 毫米的地方穿过一根削制好直径为 6 毫米的竹制圆棒，用于捆绑机翼用，如图5-3-15 所示。

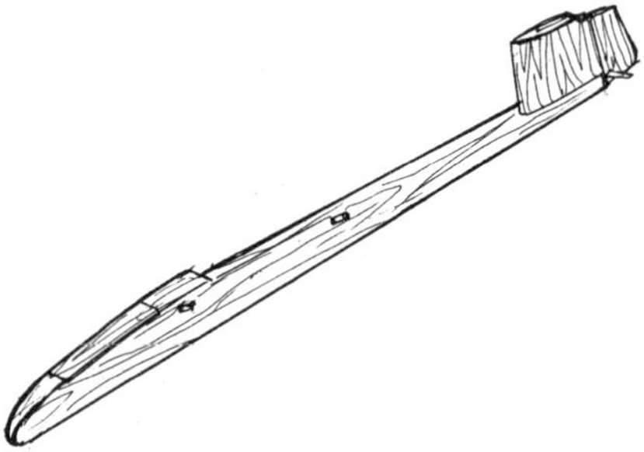

图 5-3-15　穿过竹制圆棒棒

10. 装遥控设备

这架遥控模型飞机只要用两个舵机控制尾翼，一个控制方向舵，一个控制升降舵。舵机安装位置见三视图 5-3-3 机身侧视图部分。舵机与舵面之间采用钢索软连接的方式，安装十分方便。舵机与机身应用螺钉固定紧，厂家配给舵机的减震垫圈也要安装上。接收机与舵机连接好后，应用泡沫海绵包裹好，装入机身内，在机头舱附近安装好电源开关，将电池用海绵包好放在机头舱内。可移动电池的位置来改变重心位置。但调整好后，电池一定要紧紧地固定在舱内规定的位置，不能有前后移动的现象。

两通道的遥控设备有两个舵机：一个用来控制方向舵，另一个常用来控制升降舵。

两通道设备有两个操纵杆，如图 5-3-16 所示。右边的操纵杆用来操纵方向舵：向左扳操纵杆，方向舵左偏，模型飞机向左转弯；向右扳操纵杆，方向舵右偏，模型飞机向右转弯；放松操纵杆，操纵杆会自动回到中间位置，方向不偏转，模型飞机应该直线飞行（如不能直线飞行，可调整微调开关来调整）。

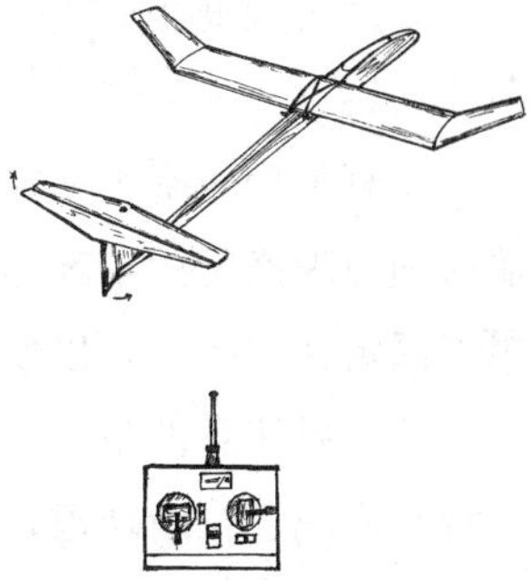

图 5-3-16　遥控设备操纵杆

左边的操纵杆用来操纵升降舵：向前推操纵杆，升降舵向下翻，模型飞机低头下滑；向后拉操纵杆，升降舵上翘，模型飞机抬头上升；放松操纵杆，操纵杆会自动回到中间位置，升降舵不偏转，模型飞机应该平飞。

11. 模型飞机试飞调整

同样，遥控滑翔机在飞行前，要进行手掷试飞调整升降舵和方向舵，使其在手掷试飞时，机体不得左右偏转，应能保持直线飞行。由于是使用遥控设备控制模型飞机，因此要调整模型飞机的直线飞行，只要调整操纵杆旁的微调调钮，就能很快地调整好。

下面介绍无线电遥控滑翔机弹射起飞要具备的装置：

①钢钎一根，直径 10 毫米，长 450 毫米，一端弯成一个 40 毫米的圆环，另一端用砂轮磨尖。

②3 个直径为 30～40 毫米的钢环，可用最粗号的钥匙环代替。

③动力橡筋 100 克（按规定），并将其编成 2 米长的辫子状，两头各用钢环连接。

④直径为 1 毫米的尼龙线，长度为 30 米（单股尼龙线）。一端与动力橡筋上的钢环连接；另一端连接一个钢环，并用一块红飘带固定在这一端，以便弹射后容易找到线头。

这里要注意的是：所有的连接处一定要很牢靠，并经常检查是否有松脱、拉断现象，一旦发现应立即排除。

以上准备工作做好以后，就可以进行弹射起飞了。起飞前，先用铁锤把钢钎钉入地下，并与地面形成一定夹角，如图 5-3-17 所示。钢钎被锤入地下的深度至少应为钢钎全长的 2/3，以确保钢钎不被拉出。

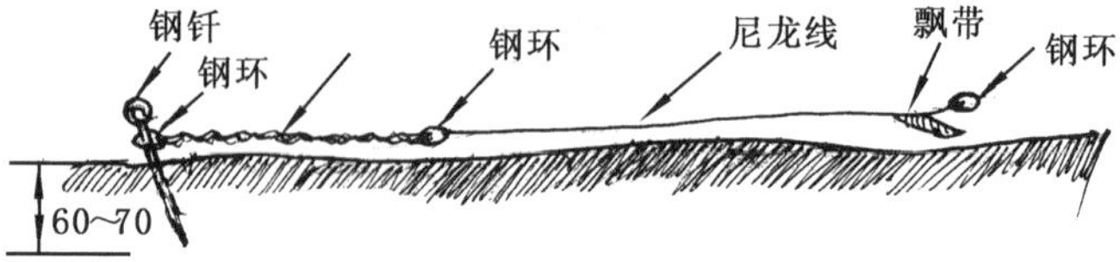

图 5-3-17　把钢钎钉入地下

将橡筋一端的钢环套入钢钎的圆环内，另一端向下风处拉直，并清除沿线的障碍物。起飞时，操纵手迎风而立，正视前方。飞机由助手拿稳、拿正，并将弹射环（钢环）挂在模型飞机的弹射钩上，手握机身重心的后方，向后拉紧弹射绳；拉到弹射绳最大伸长极限，即在飞机约有 10°的迎角时就松手。

放飞时，助手一定要将飞机拿稳、拿正；出手时，飞机的姿态要正确。由于飞机出手时初速度较大，操纵手此时要全神贯注，观察模型飞机的起飞姿态，及时修正。一般情况下，模型飞机如果按要求制作得正确；机翼、尾翼没有扭曲，垂直尾翼安装得没有舵角，设备调整得当，模型飞机在起飞过程中就可以很顺利地爬升。

操纵水平较高的爱好者也可以一个人进行飞行。方法是一手拿稳模型飞机，一手拿遥控设备，向后拉紧弹射绳，平稳放开模型飞机后立即进行操纵。待模型飞机上升到快到最高点时，推杆使飞机获得前进速度，而后再拉杆使模型飞机利用惯性速度向上再爬一段高度。这种方法估计还可以使模型飞机爬升 5～10 米。但推拉杆的时间长短与杆量要在实践中摸索掌握。

如果模型飞机在起飞过程中，操纵员观察发现模型飞机左右摇摆，则说明模型飞机的牵引弹射钩位置靠后（以重心位置为准），可将牵引弹射钩的位置向前移动；如果模型飞机牵引较困难、爬升不高，则应将牵引弹射钩的位置向后移动调整。通常，初学者应将牵引弹射钩的位置向前移一些，以保证模型飞机爬升过程中不左右摇摆。而随着操纵技术的不断熟练，可将牵引弹射钩的位置向后移一些，以争取模型飞机弹得更高。

四、初级遥控模型飞机的制作

我们以一架遥控模型飞机的制作为例。遥控模型飞机外形结构如图 5-4-1 所示，其主要参数是：机身长 965 毫米；翼展为 1390 毫米；翼弦为 210 毫米；水平尾翼长 456 毫米；垂直尾翼高 150 毫米；机翼翼型采用克拉克 Y12%；总升力面积 34.8 平方分米；全机质量为 1000 克；翼载荷 28.7 克/平方分米；机翼上反角为 7°。

该机动力采用 20 级电热发动机，气缸工作容积 3.35 毫升，螺旋桨直径×螺距选用 8 毫米×6 毫米或 9 毫米×4 毫米。该模型飞机可以从地面滑跑起飞或手掷起飞。

图 5-4-1　遥控模型飞机外形结构

该模型飞机气动布局特点是：上单翼，较大的展弦比，机翼有适当的上反角，适当的尾翼面积和尾力臂，全机结构尽可能靠近重心，从而使得全机具有良好的飞行安定性，方向舵、升降舵的面积与舵角配合恰当，适合初学者掌握。

1. 所用材料

模型飞机所用材料见表 5-4-1。

表 5-4-1 模型飞机用材

部位	用途	材料	规格（mm）	数量
机翼	翼肋	桐木片	1×30×220	22 片
	主梁蒙板	桐木片	1×30×70	20 片
	前缘	桐木条	6×6×700	2 条
	主梁	桐木条	3×5×700	4 条

续表

部位	用途	材料	规格（mm）	数量
机翼	上弧梁	桐木条	3×3×700	2条
	后缘	轻木条	6×20×700	2条
	翼尖	轻木片	6×34×220	2片
	中段蒙板	桐木片	1×55×150	16片
	上反角加强片	桐木片	5×55×100	1片
		桐木片	1×55×100	2片
水平尾翼	前缘	轻木条	6×20×500	1条
	后缘	轻木条	6×20×500	1条
	翼肋	轻木条	6×3×1000	1条
	翼尖	轻木片	6×20×70	2片
	升降舵	轻木片	6×32×500	1片
	塑料铰链	塑料	中号	4个
	舵角	塑料		1副
垂直尾翼	前缘	轻木条	6×20×150	1条
	后缘	轻木条	6×20×150	1条
	翼肋	轻木条	6×20×500	1条
	方向舵	轻木片	6×45×150	1片
	塑料铰链	塑料	中号	2个
	舵角	塑料		1副
机身	机身隔框	三层板	78×108	1块
		三层板	70×102	1块
		三层板	52×75	1块
		三层板	35×50	1块
		三层板	59×75	1块

续表

部位	用途	材料	规格（mm）	数量
机身	纵梁	桐木条	4×6×1000	4条
	侧板	桐木片	1×55×1000	4片
	机头垫板	桐木片	2×55×60	1片
	上下面板	桐木片	1×55×100	3片
	21级发动机支架	塑料		1个
	固定螺丝	铁	M3×20	4副
	起落架	钢丝	ϕ3	1米
	机轮	橡胶	直径50毫米	1个
	舵机固定架	松木条	10×10×100	3条
其他	21级发动机		3.5毫升	1台
	舵面连接杆	松木条	ϕ8×400	2条
	舵机连接钢丝	钢丝条	ϕ2×500	1条
	油箱	塑料	120毫升	1个
	遥控设备		四通道三舵机	1套
	油管	硅胶		适量
	螺旋桨	塑料	8×6 9×4	1根
	热缩膜	塑料		2米
	固定螺丝	铁	M3×20	8副
	胶水			适量

2. 机翼的制作

制作翼肋样板。遥控模型飞机机翼选用的翼型是克拉克Y12%，先按翼型坐标，准确绘制出弦长210毫米的翼型图。翼型图可以用计算机制图软件绘制，也可以用手工在坐标纸上绘制、再把绘制好的翼型图描画在 1 毫米厚的层板上（或塑料板上），制成翼肋样板如图 5-4-2 所示。

图 5-4-2　翼肋样板

制作机翼翼肋。把 22 片 1 毫米×30 毫米×220 毫米桐木片用两根钢丝穿在一起，两边分别穿上翼肋样板，如图 5-4-3（a）所示，并使用刀子或锉刀把翼肋加工好，如图 5-4-3（b）所示。

(a)

(b)

(c)

图 5-4-3　翼肋制作

按图纸要求，在翼肋上加工翼梁和前、后缘的槽口，如图5-4-3（c）所示。

组装机翼。把绘制好的1：1机翼图纸铺在工作板上，用胶水把左右机翼分别组装起来，如图5-4-4、5-4-5所示。然后，按上反角的要求制作一片加强片，把左右机翼胶接起来，如图5-4-6所示。

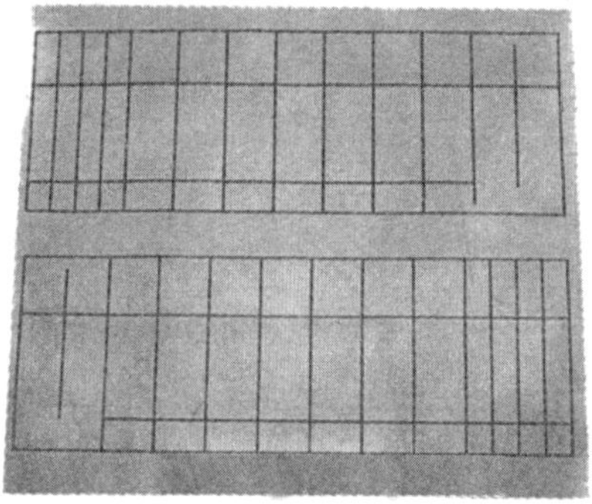

图5-4-4　机翼组装工作板

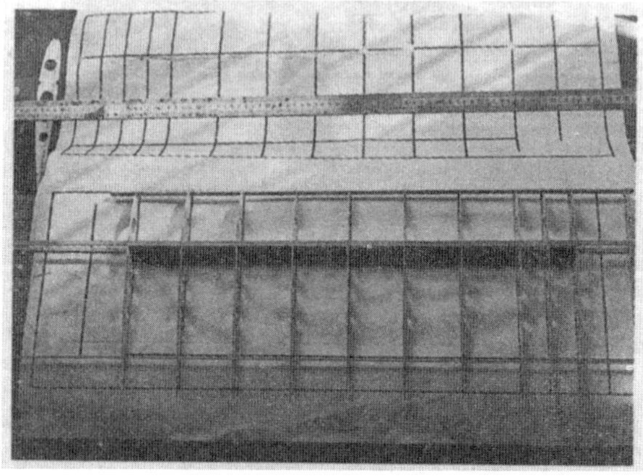

图5-4-5　安装机翼

图 5-4-6　安装左、右机翼

在左右机翼的连接处蒙上蒙板。制作翼尖如图 5-4-7 所示。

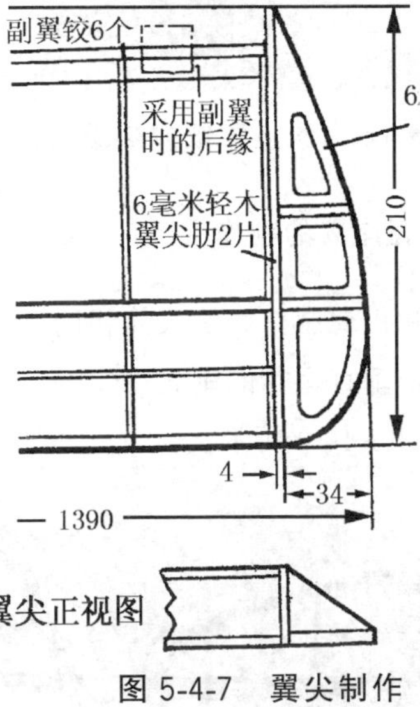

图 5-4-7　翼尖制作

蒙贴左右机翼上、下梁覆板，如图 5-4-8 所示。打磨整个机翼，并在机翼骨架上涂刷涂布油。最后在机翼骨架上蒙上蒙纸或热缩膜，如图 5-4-9 所示。

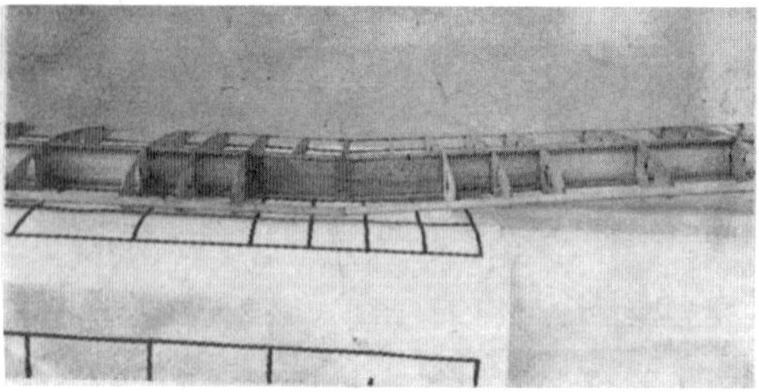

图 5-4-8　蒙贴覆板

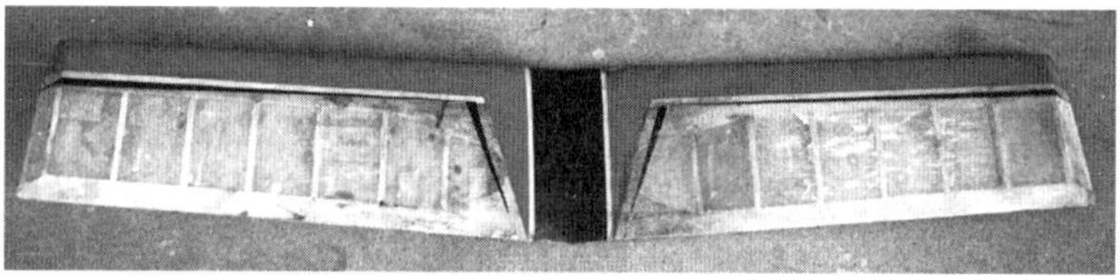

图 5-4-9　蒙上蒙纸或热缩膜

3. 水平尾翼和垂直尾翼的制作

尾翼的制作方法和机翼制作方法大体相同，尾翼的翼型采用后缘略尖的平板翼型，垂直尾翼的垂直安定面和方向舵都蒙上 1 毫米厚的桐木片，如图 5-4-10 所示。

图 5-4-10　蒙上桐木片

4. 机身的制作

按 1∶1 的图形制作机身的隔板，如图 5-4-11 所示。

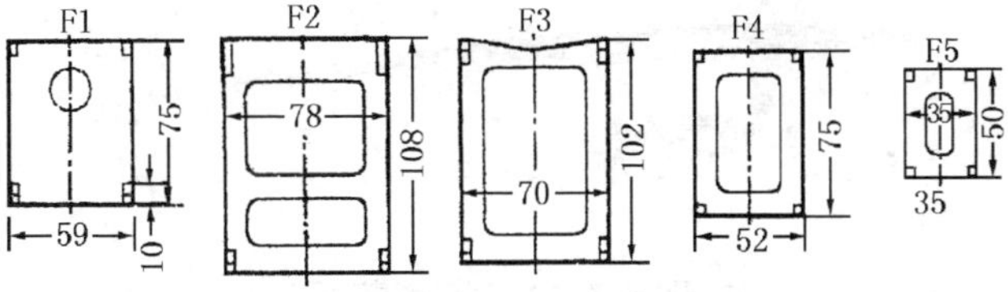

图 5-4-11　机身隔板工作图

按 1∶1 的图形，用 1.5 毫米厚的桐木片制作机身的左右两侧板，如图 5-4-12 所示。

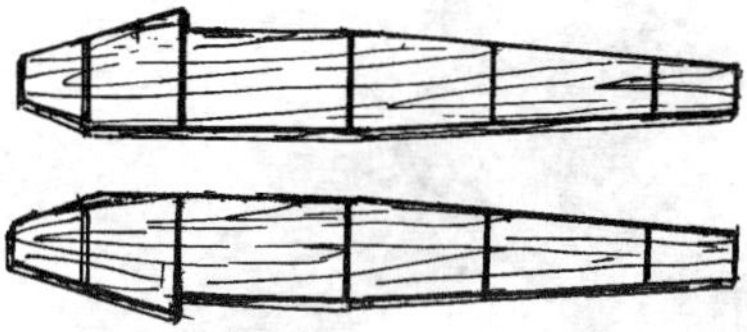

图 5-4-12　机身侧板

在工作板上按图纸要求把机身的隔板和机身的侧板组装在一起，如图 5-4-13 所示。

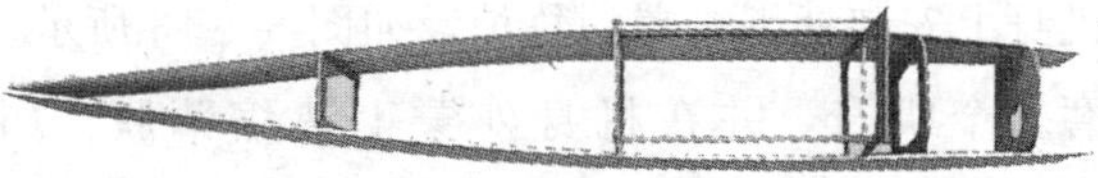

图 5-4-13　组装隔板、侧板

机身上下面全部蒙上蒙板，如图 5-4-14 所示。

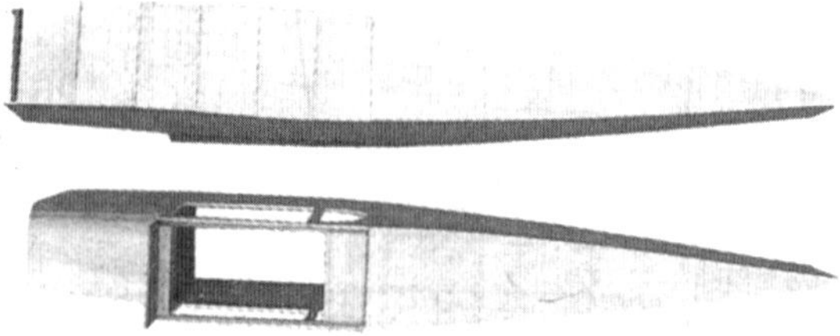

图 5-4-14 机身蒙板

把垂直尾翼、水平尾翼粘在机身末端，如图 5-4-15 所示。

图 5-4-15 粘尾翼

在机身上安装捆绑机翼的竹梢，如图 5-4-16 所示。

打磨整个机身，并在机身外蒙上热缩薄膜，如图 5-4-17 所示。

安装起落架，如图 5-4-18 所示。

安装舵机、发动机等，如图 5-4-19 所示。

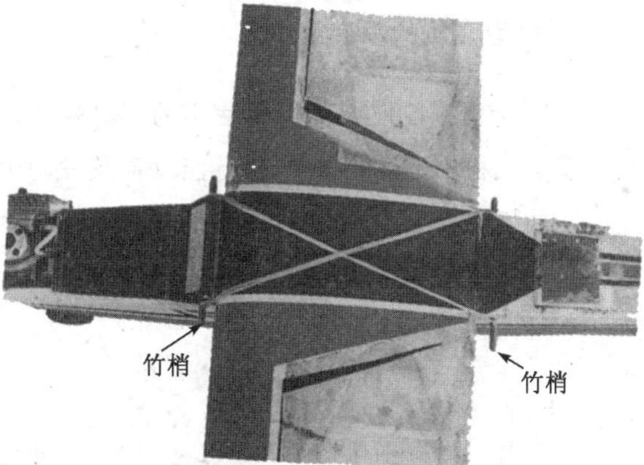

图 5-4-16　安上竹梢

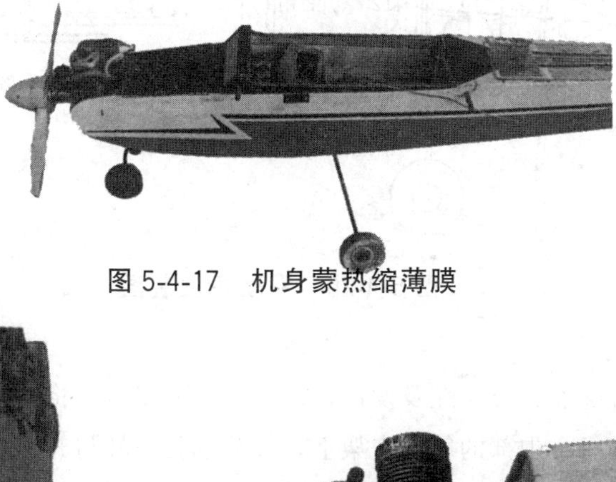

图 5-4-17　机身蒙热缩薄膜

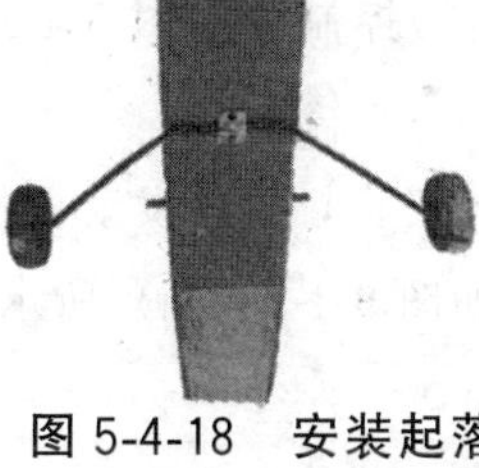

图 5-4-18　安装起落架

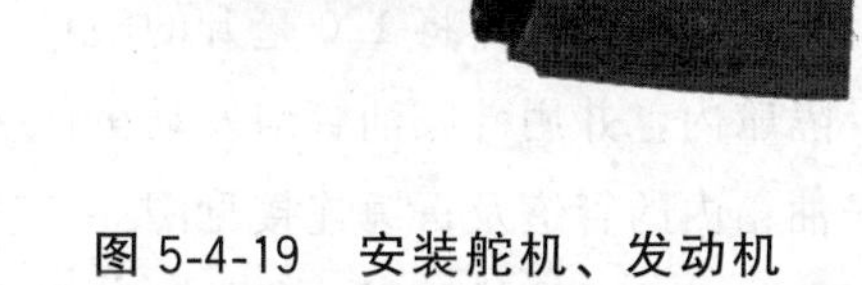

图 5-4-19　安装舵机、发动机

5. 模型飞机的总装配

由于这架遥控模型飞机所使用的器材较多，因此初学者在制作好模型飞机之后，还要进行遥控设备及发动机等的安装调整。

发动机的安装。将发动机支架用螺丝固定在机头的隔板上，然后在支架上安装磨合好的发动机。注意要保证发动机支架有3°左拉和3°的下拉，见图 5-4-20。

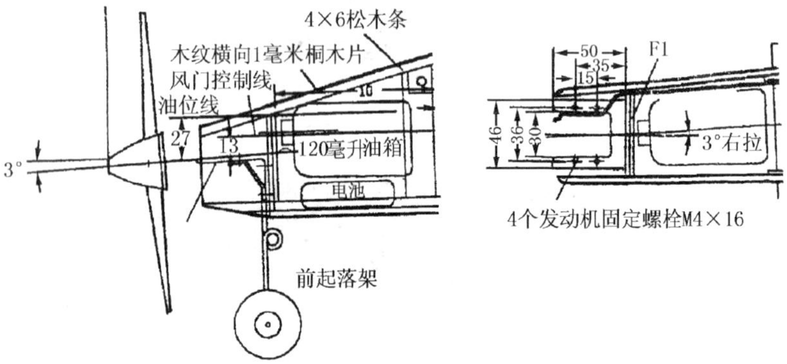

图 5-4-20　发动机安装图

升降舵、方向舵及发动机风门连杆的安装。将三个舵机分别固定在机身中部的舵机支架上，并分别使连杆与升降舵和方向舵连接起来，连接处应使用夹头与升降舵、方向舵的摇臂连接，如图 5-4-21 所示。发动机风门使用软钢索连接控制，如图 5-4-22 所示。

安装油箱。将 120 毫升的塑料油箱装入机头，紧靠发动机的隔舱内，并用硅胶油管与发动机连接好，如图 5-4-23（a）所示。油箱内的管道及重锤连接见图 5-4-23（b）。

安装遥控接收机。将舵机的连线分别插入接收机相应的插口

图 5-4-21　舵机与连杆的连接

图 5-4-22　风门连接线

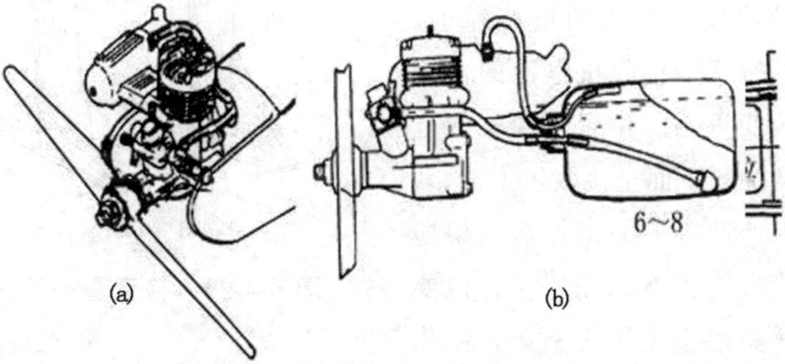

图 5-4-23　油箱内部件的安装

内，应注意发射机上的右操纵杆推拉通道是控制发动机风门。左操纵杆推拉通道是控制升降舵，左右通道是控制方向舵。连接好电源线及安装好电源开关，如图 5-4-24 所示。

图 5-4-24　遥控接收机的安装

检查重心位置。检查遥控模型飞机的重心位置很重要。捆绑上机翼后看模型飞机的重心位置是否在翼弦 25%～35%，见图 5-4-25。初学者应尽量使模型飞机的重心靠前。可通过调整接收机电池的位置来改变重心的位置，调整的范围从油箱下面至接收机下面。

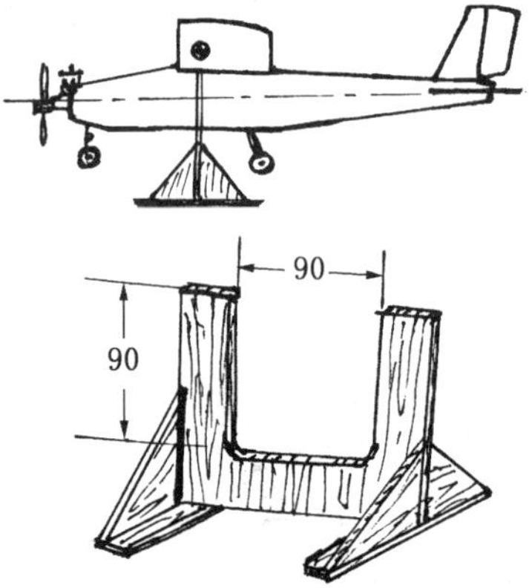

自制测重心架

图 5-4-25　检查重心

经过以上的工作，一架遥控模型飞机就制作好了，但要让这架模型飞机飞上天，制作者还应完成下面几项工作。

6. **发动机的使用**

如果是初次接触小发动机，又是新购买的发动机，一定不能马上就把发动机安装到飞机上，因为每一台航模发动机都是十分精密的机器，必须要严格按照科学的方法进行清洗、磨合、调试后才能投入实际使用，否则很容易损坏发动机。一般的二冲程发动机结构图如图 5-4-26 所示。

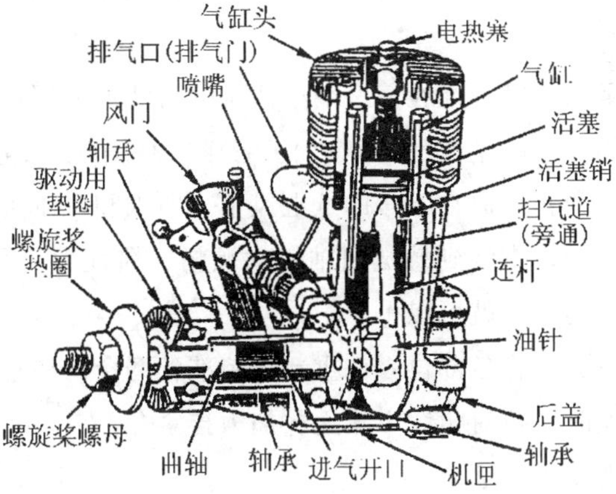

图 5-4-26　发动机结构

(1) 发动机的清洗

由于每台发动机在加工过程中，一些金属碎屑和粉末会遗留在机匣内，如果马上使用，会使各零件之间产生严重的划伤，因此必须进行仔细清洗。

首先，将发动机上每一个螺丝和可以拆卸的零件全部拆下来，但应注意几点：

①记清每个螺丝、零件的拆卸顺序和位置，使得清洗后重新组装时不致弄错。

②取下海绵垫片时要小心，不要将垫片弯折变形。

③拆卸发动机的工具不要将活塞、气缸衬套等零件弄出划痕。

④一般曲轴与机匣和前后轴承都是在工厂进行紧装配的，自己最好不要将其拆下。

⑤为了防锈，新发动机在出厂时都涂了防锈油。但如果是长时间积压的发动机，这些防锈油很容易风干而变成胶质，粘住各部位零件而难以拆卸。这时可以将其放在清洗剂中泡上几天再拆卸，就容易多了。

把拆下来的零件泡在清洗剂中清洗（清洗剂使用煤油，也可用汽油代用，但一定要注意防火）。各个零件清洗干净后，仔细检查确实无异物后放在干净的纸上风干。曲轴和机匣可泡在清洗剂中快速转动，直洗到感觉曲轴转动顺畅、惯性大、平滑无声、无疙疙瘩瘩的感觉就可以了。

清洗好后，将各部位零件重新组装准备磨合。注意在拧缸盖和后盖螺丝时应按对角线方式逐次加力拧紧。

（2）发动机的磨合

尽管发动机中每个零件都是用精密机床加工出来的，但零件之间吻合得也不是十分合适，需经过磨合使其之间配合自然。

磨合时，要将发动机固定在专用的试车台上，如图 5-4-27 所示，不能用台钳夹住机匣或随便安装在什么物体上。如实在不具备这方面条件，也可将发动机安装在飞机上磨合，但一定要将飞机固定好，不要产生振动或晃动。

磨合时一定要使用精密平衡的桨，质量稍大一些，并且有很好的导风性能。其规格（即直径×螺距）应比标准桨大一个级别左右，具体可参考表 5-4-2。

图 5-4-27　发动机试车

表 5-4-2　不同容积发动机用桨选择

发动机级别	适用磨合桨 桨距×螺距（毫米）	适用飞行桨 直径×螺距（毫米）	适用油箱 容积（毫升）
10	7×5 8×4	7×4	80
15	8×5 9×4	7×5 8×4	100
20	9×5 9×6	8×5 9×4	120
25	9×6 10×5	9×5 9×6	140
30	10×7 11×5	10×6 11×5	180
35	11×5 10×7	10×7 11×6	200
40	11×7 11×8	10×7 11×6	220
45	11×8 12×6	11×6 11×7	240
50	11×8 12×7	11×7 11×8	260
60	12×9 13×7	12×7 12×8	300
75	13×7 13×8	12×8 12×9	350
90	13×9 14×8	13×7 13×8	400

油箱在试车台上固定好。磨合初期油面应与汽化器喷油孔保持水平，如图 5-4-28 所示。磨合时使用燃料的配比为甲醇 70%、蓖麻油 30%，这样有利于润滑。

起动前还需准备的一些工具和工装，如图 5-4-29 所示。

图 5-4-28　固定油箱

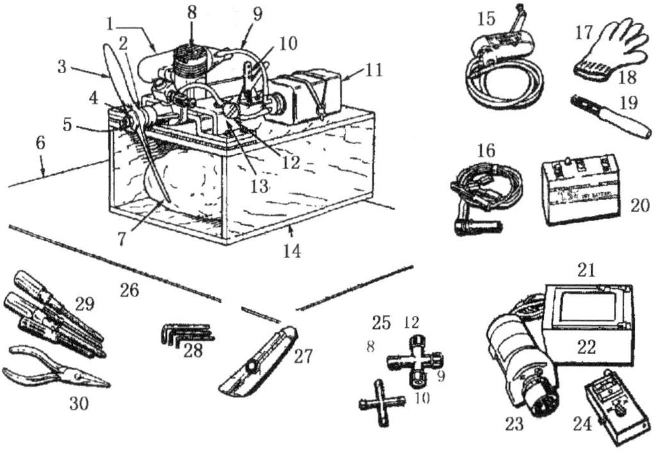

1. 消音器　2. 后桨垫　3. 螺旋桨　4. 前桨垫　5. 螺旋桨固定螺帽　6. 工作台　7. 重物　8. 电热塞　9. 由消音器引出的增压管　10. 控制油门的摇臂　11. 油箱　12. 滤油器　13. 夹持发动机的角铁　14. 木框架，可用木板代替。木板一头装上发动机，另一头用螺钉固定在工作台上，并使螺旋桨旋转面离开工作台适当距离　15. 加油用的手摇加油器，可用注射器代替　16. 电热塞接线　17. 拨动螺旋桨的用具　18. 手套　19. 一头有硬皮套的木棒　20. 1.5 伏电源　21. 其他起动用具　22. 12 伏电源　23. 电动起动器　24. 电压表　25. 安装螺旋桨和电热塞用的套筒扳手　26. 其他常用工具　27. 小刀　28. 六角沉头扳手　29. 螺丝刀　30. 尖嘴钳

图 5-4-29　工具和工装

（3）起动步骤

①安装发动机。将发动机牢固地装上试车台，再装上说明书中介绍的合适的电热塞。安装前先作通电试验，看电热塞内的电热丝是否呈红热状态。如颜色暗红甚至不亮，则为电源无电压或是电路不通，如图 5-4-30 所示。

图 5-4-30　通电试验

②安装螺旋桨。在小发动机轴上安装合适的螺旋桨，拧紧桨帽。安装时，反时针转动桨轴，在手指感觉到有压缩力时，将螺旋桨桨帽拧紧固定在呈水平的位置。这个位置有利于手拨起动，如图 5-4-31 所示。

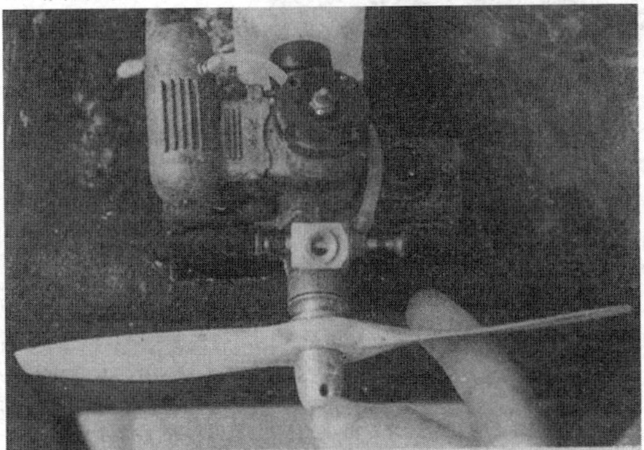

图 5-4-31　螺旋桨安装

③加油。利用手摇加油器或注射器给油箱加入成分合乎要求的油料。然后检查油箱的位置，使油箱内油面高度不超过汽化器的喷油管，如图 5-4-32所示，否则油料会流入发动机，以致不能起动。

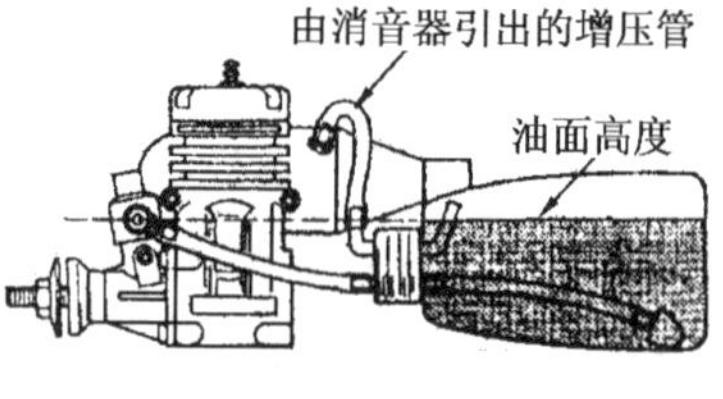

图 5-4-32　加油

④调整汽化器进油量。油针用来调节进油量的多少，像水龙头一样。起动前，一般打开两圈左右。具体数据要查看说明书，如图 5-4-33 所示。

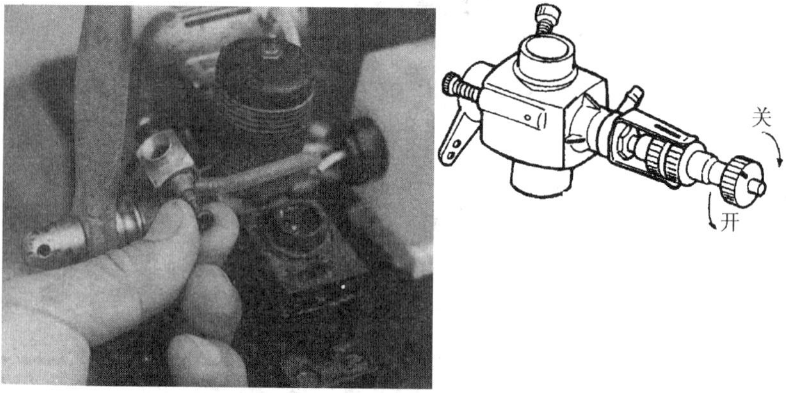

图 5-4-33　调整油量

可调节的风门或油门的汽化器仅用在遥控用发动机上，如图 5-4-34 所示。全部打开时进气量最大，发动机转速增高；当油门关小时，进气量减少，转速即降低。油门通过摇臂摆动遥控设备中的舵机来控制，如图 5-4-35 所示。起动时，不宜将油门全部打开，应将油门（节气门）打开约 1/3 开度。这是合适的起动位置。若从进气口看，油门开度 1～2 毫米。

⑤吸油。用左手指堵住进气口，右手捏住螺旋桨并向反时针方向转动，此时，可以看到油料从油箱通过油管吸到发动机喷油管处。待转动螺旋桨再看不到油料吸入到油管后，继续转 2～3 圈，使油料进入发动机机匣，如图 5-4-36 所示。也可以用注射器直接向进气口内注入 2～3 滴油的方法代替。

图 5-4-34 汽化器油门

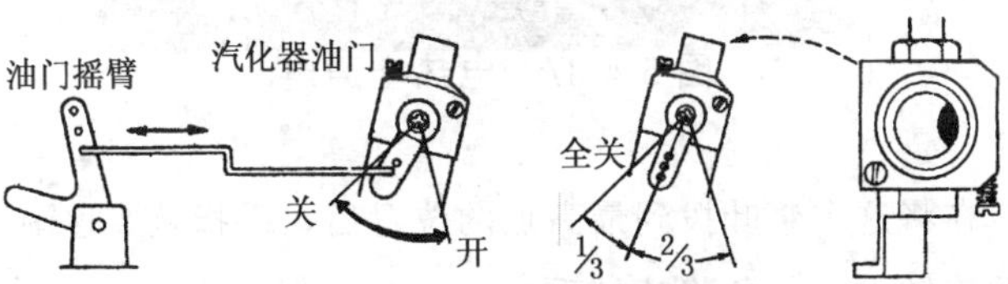

图 5-4-35 控制油门

⑥轻拨螺旋桨。吸油后，用右手轻拨螺旋旋桨 2～3 圈，使机匣内油料挥发成混合气并进入气缸，如图 5-4-36 所示。

⑦给电热塞接上电源。将电热塞起动接线的一头接到 1.5 伏

的电源；另一头接到电热塞，如图5-4-37所示，使电热丝升温到红热状态。如气缸内有油，此时，也许可听到油料混合气碰到红热丝时产生的“滋滋”声。

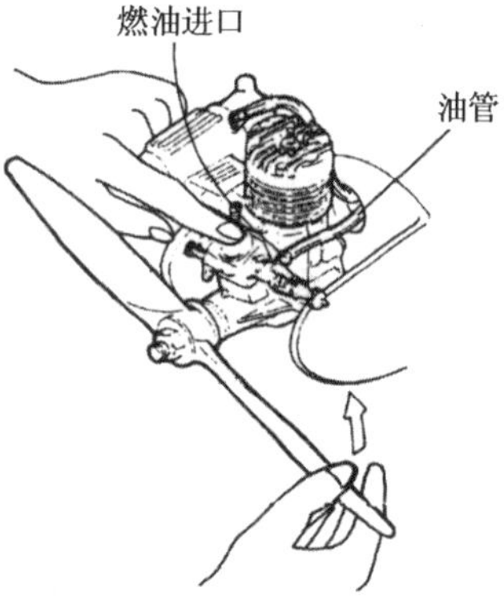

图 5-4-36　吸油

⑧拨桨起动。将螺旋桨转到有压力感觉的位置。根据上面介绍的装桨要求，此时螺旋桨应处在水平位置。用右手的中指和食指先靠上右侧桨叶，然后迅速用力地拨动螺

图 5-4-37　电热塞通电

旋桨。在将这个桨叶拨到最高点的位置后，手指就要逐渐退出螺旋桨的旋转面，以免桨叶打手。

也就是说手指的运动方向与桨叶旋转面有一个角度，手指是逐渐“退出”。建议用手指指尖到一个关节间的部位去拨桨。一些初学者怕被桨叶打手，往往拨得慢，或采用“拉”桨似的动作。这样不仅不能起动，甚至反而会被桨叶打到手。注意一定要迅速并用力地拨桨。如一下没拨着，要等螺旋桨旋转停止后，再

按上面所说的要求，先靠上桨叶再迅速拨桨。一般在拨动几次后，螺旋桨就会连续转动，如图 5-4-38 所示。如果已经拨了十几次仍不能连续转动，又没有塞油现象（油点从排气口喷出或拨动时手感很重甚至反弹），则应断开电源，再吸油数次，然后接通电源再拨桨。

图 5-4-38　拨桨起动

拨桨动作的正确与否是顺利起动小发动机的关键，必须多加练习。为保护手指，可带纱手套拨桨，但要防止手套过松，线头钩住油针发生意外；也可以采用带有硬橡皮管的短木棒起动，方法与手拨类似。当然还可在发动机桨轴装上整流罩，使用电起动器起动。

起动后在发动机起动并连续运转几秒钟后，即可适当加大油门并取下电热塞接线。如果取下接线后出现停车，则需要再次吸油起动并在连接运转后慢慢取下接线；要防止取电热塞接线太晚，引起电热塞温度过高而烧坏。

⑨油门调整。起动后要调节油针，使发动工作稳定。遥控汽化器还需调节其他部位，如低速调整螺钉、油门怠速位置定位螺钉等。

⑩发动机的停车。如果要发动机停车，可先调低转速，再中断油路。如用关闭油针的方法停车，要记住拧动油针的圈数，以便再次起动时恢复到原来的位置。能正常起动小发动机后就可以装入模型飞机实际使用了。对于新购买的小发动机还要让它低速运转一箱油料，大约 15 分钟，再中速运转一箱油料（发动机风

门开启 50%）。最后一箱油料中速运行 7 分钟后，再全开风门，即在风门 100%打开情况下再高速运行 7 分钟左右，小发动机的磨合就算完成了，可以将小发动机装在遥控模型飞机上使用了。

7. 模型飞机的操纵与飞行

(1) 模型飞机的操纵

这架遥控模型飞机应使用四通道遥控设备。四通道遥控设备可控制 4 个舵机，这 4 个舵机分别用来控制方向舵、升降舵、副翼和油门。这架模型飞机没有副翼，因此，只要用 3 个舵机就可以了（见模型飞机结构图）。

四通道遥控发射机也只有 2 个操纵杆，如图 5-4-39 所示。右边的操纵杆用来操纵油门和副翼。操纵杆左右扳操纵副翼：向左扳，左副翼上翘，右副翼下翻，模型飞机向左倾侧；向右扳，右副翼上翘，左副翼下翻，模型飞机向右倾侧。操纵杆前推后拉操纵油门：向前推，油门增大，模型飞机加速；向后拉，油门减小，模型飞机减速。

图 5-4-39　遥控器

左边的操纵杆用来操纵方向舵和升降舵。操纵杆左右扳可操纵方向舵：向左扳，方向舵左转，模型飞机向左转弯；向右扳，方向舵右转模型飞机向右转弯。操纵杆前推后拉操纵升降舵：向前推，升降舵下翻，模型飞机低头下滑；向后拉，升降舵上翘，模型飞机抬头上升。

由于四通道遥控设备除了能操纵方向舵和升降舵以外，还能操纵油门和副翼，因此，对模型飞机的控制要灵活得多，模型飞机的飞行动作也可以做得比较复杂。图 5-4-40～图 5-4-43，是用遥控设备操纵模型飞机完成起飞、降落、转弯、翻筋斗等动作的操纵方法。

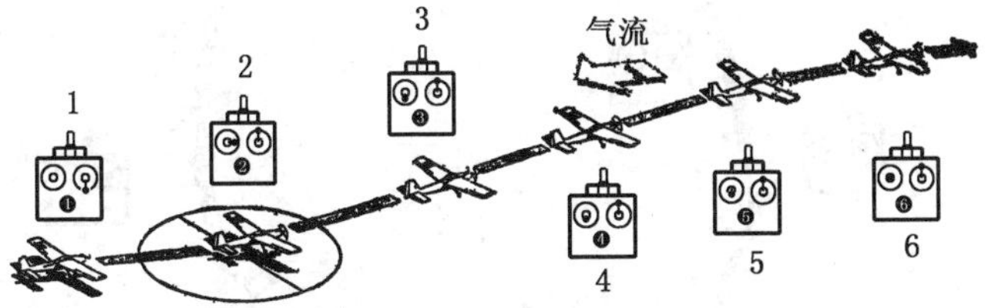

图 5-4-40　起飞操纵

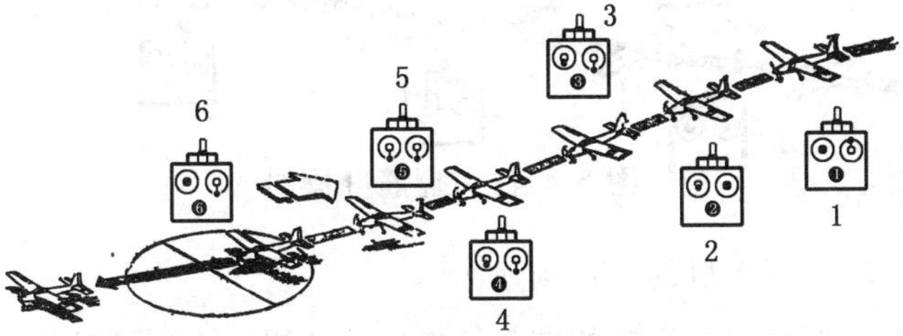

图 5-4-41　降落操纵

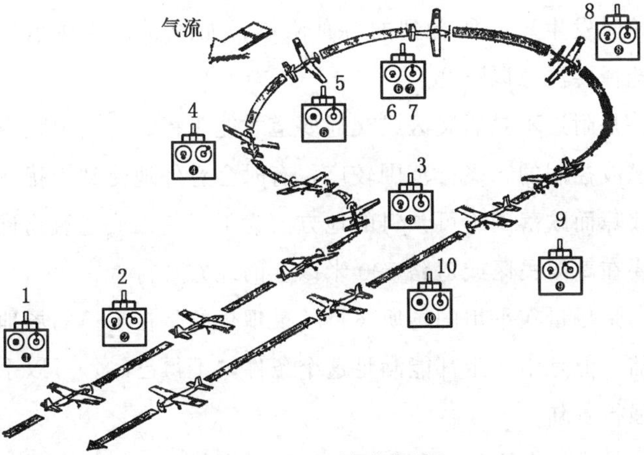

图 5-4-42　转弯操纵

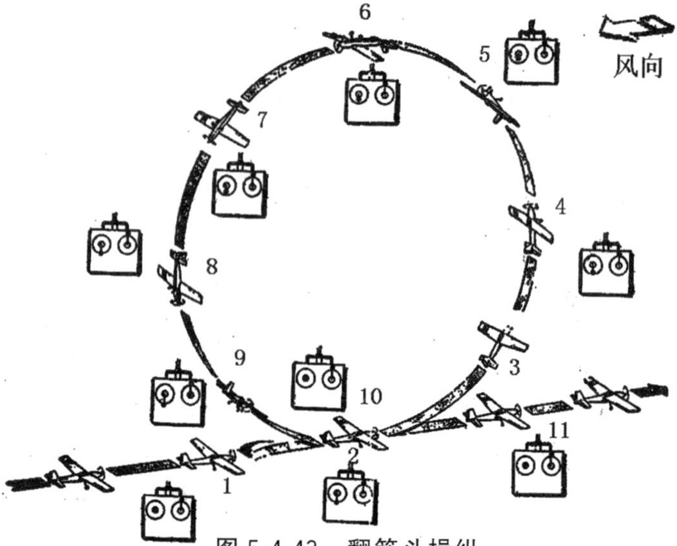

图 5-4-43　翻筋斗操纵

（2）模型飞机的飞行场地

首先要做好飞行前的准备工作。要让遥控模型飞机起飞，飞行场地很重要。飞行场地不仅要宽阔，而且还要考虑到防止噪音或失控时发生事故所受到的各种限制，如图 5-4-44 所示。飞行场地选择要注意以下几点：

一是附近不是居民区或交通要道才能飞行。遥控模型飞机是靠电磁波控制的，飞行范围较广，有时会意外地受到干扰或发生机械故障而跌落到不可预料的地方。为了不使人或建筑物遭受损害，要在离居民区或道路 500 米以上的地方飞行。

二是尽量在平坦的场所飞行。最理想的是在平坦的场地起飞或着陆，但是不一定都能满足这个条件，不得已时，可以手掷起飞或强行着陆。

三是不得在飞机场和飞行跑道附近飞行。

飞行时还应注意附近是否有别的遥控模型飞机，如，是否有

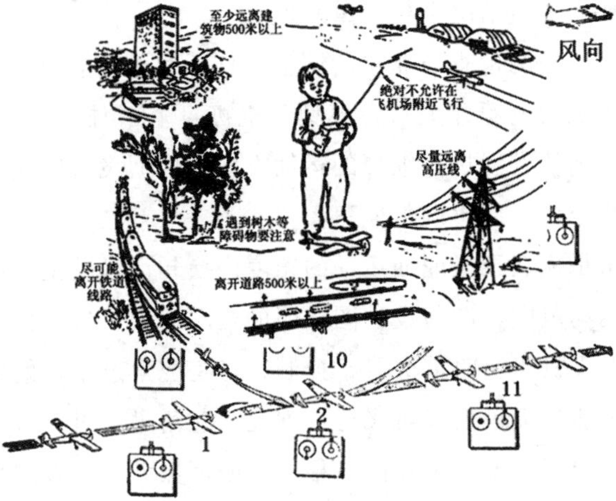

图 5-4-44　飞行场地

人练习飞行；是否有人操纵遥控艇及遥控汽车等。因为近处有遥控电波并且频率相同时，容易发生干扰。

（3）模型飞机的调整与检查

如果飞行场地选定了，还要进行最后的模型飞机调整与检查，可按下面的步骤进行。

①重心位置的检查。重心位置对模型飞机的飞行稳定性有很大影响。初次试飞前，进一步确认重心位置是否与设计图位置一致。测量方法如图 5-4-45 所示。若重心不合适，可用改变接收机电池位置的方法调整重心，而且要

图 5-4-45　飞机重心检查

在没有加入燃料情况下检查重心位置。

②舵运动的检查与舵角的调整。打开发射机电源开关后，再打开接收机的电源开关（在模型飞机机身上）。操纵发射机上的操纵杆，确认发射机操纵杆的运动方向与模型飞机舵面的运动方向正好符合，而后再调整舵角。

舵角是模型飞机舵面运动的角度。换句话说就是方向舵和升降舵的运动范围，应与设计图标明的运动范围一致。如果舵角过大，模型飞机飞行时就会难于控制；若是舵角过小，舵的作用太小，就不能操纵模型飞机飞行。因此，舵角过大时，可把操纵连杆在舵机摇臂上的安装点向内移动，或把操纵杆在方向舵或升降舵摇臂上的安装点向外移动，则能减小舵角；当舵角过小时，调整的方法同上述的相反。

③舵面中立位置的调整。舵角调整好后，将发射机上的操纵杆及微调手柄正确地放在中间，这时各舵面（发动机风门除外）应回到中立位置上。如果有偏差，可以用调节操纵连杆上的螺丝改变杆的长短，来调整自舵面的中立位置。

④遥控传动机械运动的检查。首先慢慢地推动操纵杆，检查操纵杆运动时舵是否正确地随之动起来。同样，快速推动操纵杆，检查两个舵是否正常运动。最后把操纵杆（也可用微调在传动操纵杆附近调节）推到底，检查舵面是否过度转动，操纵连杆有没有触及到来自模型飞机的输出口，或者在舵机摇臂之外有没有不合适等情况，如果情况不好应再调整。

最后，还应对各部位的螺丝的松紧程度进行检查。尤其先要检查发动机和舵机上的安装螺丝钉。此外，还应认真检查一下燃料管是否确实连接好；机轮是否正常运转；天线在机外不能打结、弯曲，应绷得很紧才行，见图 5-4-46。

（4）模型飞机的试飞

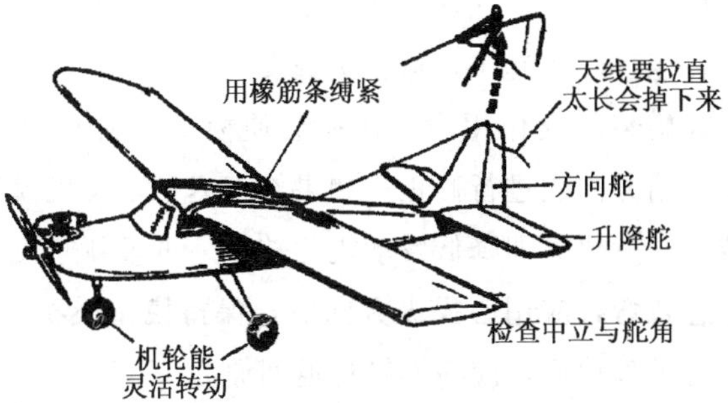

图 5-4-46　模型飞机的各项检查

上述检查工作完成后，就可以着手试飞了。试飞步骤如下：

①给油箱加入燃油后起动发动机。

②检查发动机是否由低速到高速稳定运转。若情况良好，就可多次改变发动机转速，在各种转速下检查遥控传动机械是否正常工作。

③发动机为高速时，使机头逆风。

④再一次检查模型飞机滑行前方附近是否有人。

⑤情况良好，将机体轻轻向前推出滑跑，如图 5-4-47 所示。

⑥待模型飞机滑跑速度大大提高后，将遥控器上升降舵操纵杆稍微向后拉，模型飞机就会离地。如果模型飞机出手后，在滑行中改变了方向，则要立即降低发动机的转速，使它对正风

图 5-4-47　试飞

向，然后再重新起飞。此外，滑行中发动机声音不正常时，也应立即降低转速，停止起飞，重新检查发动机。

由于螺旋桨的反作用力，往往会使模型飞机在滑行时向左偏，因此要用方向舵进行修正。如果修正迟了，飞机模型会在地面上打转，这就要立即降低发动机的转速，再重新起飞。为了避免这样的急转弯，应用心操纵方向舵，保持模型飞机直线前进，模型飞机轮子离地后，应使操纵杆返回原处。

（5）爬升飞行（上升飞行）

模型飞机离开地面后，则应保持直线飞行，这是用操纵方向舵进行的。模型飞机如徐徐上升，则要注意保持它的上升角度不能太大，防止因爬升角过大而摔飞机。

如果模型飞机出现某种极端的飞行状态，就不能继续飞行，要立即降低发动机转速，修正舵向，用操纵杆控制模型飞机在附近临时着陆。此时要认真看着陆点是否有人。

（6）盘旋飞行

若是模型飞机能正常继续上升，在高度为 15～20 米时，稍微拨动一下方向舵操纵杆，使之很快恢复到中立位置，这样飞机就平稳地盘旋起来了。

当飞机改变 180°方向，转向自己一方时，应打反舵（即与模型飞机盘旋方向相反的舵向）使飞机改为直线飞行。

一直前进飞行一段时间，模型飞机升到一定高度，再按上述方法操纵模型飞机划一个圆圈旋转飞行后，打反舵使模型飞机直线飞行。

若模型飞机飞得过高，就要使发动机降低转速，使模型飞机降低飞行高度。

操纵飞行较为习惯后，将左、右操纵杆返回到中立位置，判断模型飞机是否出现飞离航线的现象，如左偏或右偏，或者模型飞机老是抬头或低头飞行。如果有，则可以调整遥控发射机上相应的微调手柄，至模型飞机能保持平稳直线飞行为止。

同时注意尽量操纵模型飞机在自己视线的正前上方飞行，不要让模型飞机飞得太远以致无法判断模型飞机的飞行姿态，出现操纵失误而摔飞机。

(7) 着陆飞行

为了着陆，应降低发动机的转速，即让发动机怠速位置。让模型飞机慢慢降落。高度过高时，要用大限度盘旋来降低高度。

在距自己100米的下风处，模型飞机的高度为10～15米时，使机头转向自己，迎风飞行，发动机继续保持怠速状态。

不要让模型飞机机头太向下，要使它慢慢地降落。这时将机头准确地转向自己，轻轻地操纵方向舵，使模型飞机保持直线飞行。

在模型飞机轮子即将接触地面之时，稍稍拉一下升降舵，使机头略抬起，模型飞机以很小的速度着地。

(8) 着陆后的处理

模型飞机着陆后，可拉下风门微调手柄，使发动机停车。

如果模型飞机在飞行时有偏转的现象，曾用微调调整过它，这时你要记住舵的倾斜角度，以便下次飞行时，不用再调整模型飞机。然后再关闭接收机电源开关，最后关闭发射机的电源开关。

飞行后，模型飞机上沾满油迹，可用工业酒精或中性洗涤剂溶液擦洗干净。

从原理上了解模型飞机的操纵方法并不是很难的，但实际操纵起来就不太容易了。因为实际操纵除了模型飞机本身飞机性能的影响以外，还会受到风向、风力、上升气流、观察角度、太阳光线等多种外界因素的影响，需要经过反复实践，不断总结经验，才能熟练掌握。

五、参考翼型

巴必契翼型			B5456 翼型		
x	$y_{上}$	$y_{下}$	x	$y_{上}$	$y_{下}$
0	0.85	0.85	0	0.6	0.6
1.25	2.3	0.1	1.25	2	0.1
2.5	3.05	0	2.5	2.8	0.28
5	4.3	0.17	5	3.9	0.55
7.5	5.39	0.38	7.5		
10	6.31	0.65	10	5.05	1.1
15	7.66	1.17	15		
20	8.65	1.81	20	6.5	1.9
25	9.02	2.45	25		
30	9.65	2.9	30	7.35	2.3
40	9.85	3.69	40	7.5	2.5
50	9.23	4	50	7.4	2.5
60	8.14	3.78	60	6.51	2.49
70	6.73	3.29	70	5.51	2.15
80	5.00	2.38	80	4.15	1.5
90	2.88	1.24	90	2.5	0.9
95			100	0.6	0
100	0.4	0			

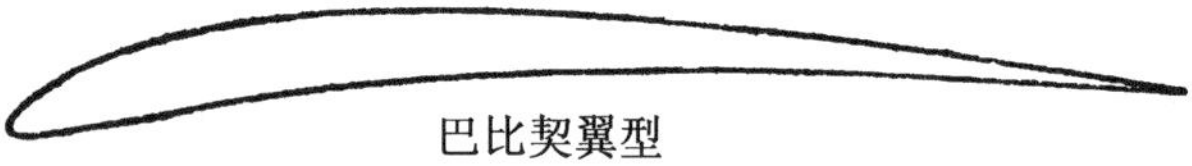

巴比契翼型

B5456翼型

B6356b 翼型			B6358b 翼型		
x	$y_{上}$	$y_{下}$	x	$y_{上}$	$y_{下}$
0	0.7	0.7	0	0.7	0.7
1.25	2.18	0.03	1.25	2.33	0.07
2.5	3.14	0.15	2.5	3.4	0.25
5	4.55	0.42	5	5.19	0.85
7.5	5.65	0.78	7.5	6.53	1.44
10	6.53	1.12	10	7.64	2.1
15	7.78	1.85	15	9.25	3.2
20	8.55	2.45	20	10.20	4.1
25	9	2.92	25	10.82	4.8
30	9.15	3.25	30	11.09	5.22
40	8.96	3.57	40	10.85	5.51
50	8.23	3.65	50	9.92	5.29
60	7.10	3.5	60	8.45	4.73
70	5.75	3	70	6.67	3.84
80	4.08	2.22	80	4.65	2.75
90	2.23	1.19	90	2.51	1.43
95			95		
100	0.22	0	100	0.25	0

B6356b翼型

B6358b翼型

B7406f 翼型			B7457 翼型		
x	$y_{上}$	$y_{下}$	x	$y_{上}$	$y_{下}$
0	0.9	0.9	0	0.74	0.74
1.25	2.95	0.1	1.25	2.06	0.69
2.5	3.95	0.1	2.5	2.93	0
5	5.6	0.45	5	4.24	0.17
7.5	6.6	0.8	7.5	5.43	0.34
10	7.4	1	10	6.37	0.63
15	8.55	1.5	15	7.75	1.2
20	9.2	1.95	20	8.75	1.89
25	9.55	2.4	25	9.82	2.58
30	9.65	2.8	30	10.3	3.1
40	9.3	3.4	40	10.51	4
50	8.6	3.8	50	10.17	4.65
60	7.7	3.75	60	9.48	4.82
70	6.65	3.4	70	7.75	1.31
80	5.4	2.65	80	6.03	3.31
90	3.95	1.6	90	3.62	1.75
95	2.9	0.9	95	2.31	0.86
100	0.5	0	100	0.93	0

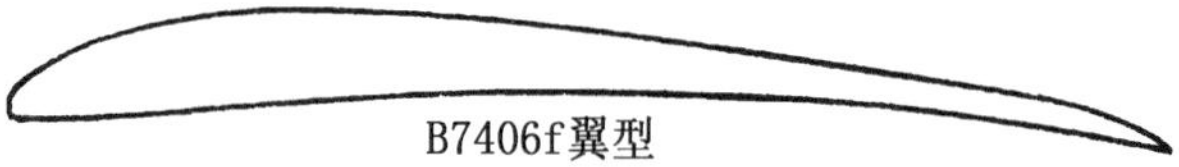

B7406f翼型

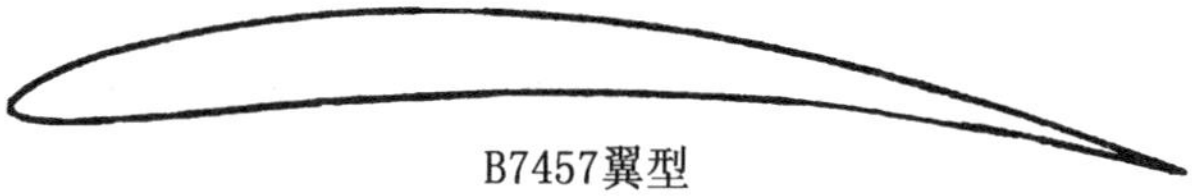

B7457翼型

B8353b 翼型			G0499 翼型		
x	$y_{上}$	$y_{下}$	x	$y_{上}$	$y_{下}$
0	2	2	0	1.25	1.25
1.25	3.75	0.75	1.25	2.45	0.2
2.5	4.7	0.25	2.5	3.15	0.05
5	6	0	5	1.3	0
7.5	6.9	0	7.5	5.2	0.05
10	7.5	0.1	10	5.9	0.25
15	8.5	0.3	15	7.2	0.75
20	8.95	0.45	20	8.1	1.35
25	9	0.5	25		
30	9	0.55	30	9.25	2.45
40	8.5	0.6	40	9.45	3.2
50	7.6	0.7	50	9.15	3.8
60	6.5	0.75	60	8.45	4.05
70	5.3	0.7	70	7.15	3.8
80	3.8	0.55	80	5.2	3
90	2.1	0.45	90	2.8	1.7
95	1.2	0.23	95	1.45	0.9
100	0.3	0	100	0	0

B8353b翼型

G0499翼型

G0517 翼型			NACA0006 翼型		
x	$y_上$	$y_下$	x	$y_上$	$y_下$
0	0.75	0.75	0	0	0
1.25			1.25	0.95	−0.95
2.5	3.2	0.05	2.5	1.31	−1.31
5	4.45	0	5	1.78	−1.78
7.5			7.5	2.1	−2.1
10	6.2	0.4	10	2.34	−2.34
15			15	2.67	−2.67
20	8.05	1.2	20	2.87	−2.87
25			25	2.97	−2.97
30	8.6	1.6	30	3	−3
40	8.55	1.65	40	2.9	−2.9
50	7.85	1.5	50	2.65	−2.65
60	6.9	1.2	60	2.28	−2.28
70	5.55	0.75	70	1.83	−1.83
80	3.85	0.45	80	1.31	−1.31
90	2.05	0.15	90	0.72	−0.72
95			95	0.4	−0.4
100	0	0	100	0	0

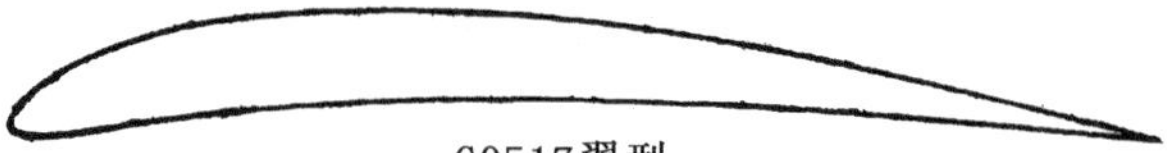

G0517翼型

NACA0006翼型

NACA0009 翼型			NACA0012 翼型		
x	$y_{上}$	$y_{下}$	x	$y_{上}$	$y_{下}$
0	0	0	0	0	0
1.25	1.98	−1.98	1.25	1.894	−1.894
2.5	2.67	−2.67	2.5	2.615	−2.615
5	3.51	−3.51	5	3.55	−3.55
7.5	4.3	−4.3	7.5	4.2	−4.2
10	4.5	−4.5	10	4.683	−4.683
15			15	5.345	−5.3
20	4.3	−4.3	20	5.738	−5.873
25			25		
30	4.5	−4.5	30	6.002	−6.002
40	4.35	−4.35	40	5.803	−5.803
50	3.97	−3.97	50	5.294	−5.294
60	3.42	−3.42	60	4.563	−4.563
70	2.75	−2.75	70	3.664	−3.664
80	1.97	−1.97	80	2.623	−2.623
90	1.09	−1.09	90	1.448	−1.448
95			95	0.807	−0.807
100	0.09	−0.09	100	0.126	−0.126

NACA0009翼型

NACA0012翼型

NACA0018 翼型			NACA2312 翼型		
x	$y_上$	$y_下$	x	$y_上$	$y_下$
0	0	0	0	0	0
1.25			1.25	2.24	−1.57
2.5	2.8	−2.8	2.5	3.11	−2.16
5	4.3	−4.3	5	1.31	−2.85
7.5			7.5	5.18	−3.26
10	6.3	−6.3	10	5.86	−3.52
15			15	6.89	−3.82
20	8.5	−8.5	20	7.54	−3.94
25			25	7.88	−3.99
30	9	−9	30	8	−4
40	8.6	−8.6	40	7.77	−3.84
50	7.7	−7.7	50	7.14	−3.45
60	6.4	−6.4	60	6.21	−2.92
70	5.1	−5.1	70	5.02	−2.31
80	3.7	−3.7	80	3.62	−1.65
90	2.1	−2.1	90	2	−0.91
95			95	1.09	−0.52
100	0	0	100	0	0

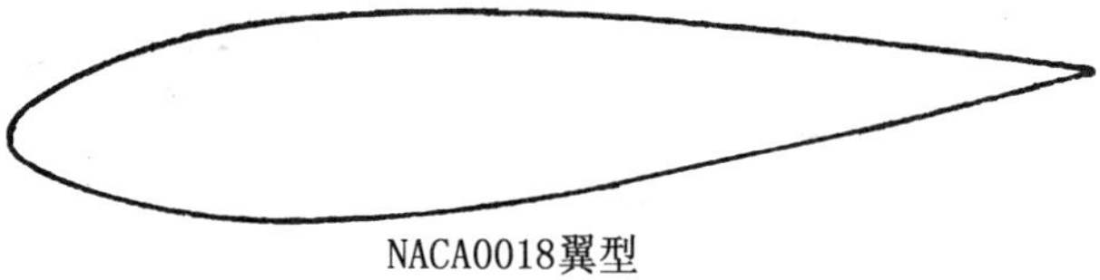

NACA0018翼型

NACA2312翼型

克拉克 Y7%翼型			克拉克 Y8%翼型		
x	$y_上$	$y_下$	x	$y_上$	$y_下$
0	2.08	2.08	0	2.38	2.38
1.25	3.3	1.16	1.25	3.78	1.33
2.5	3.88	0.87	2.5	4.44	1
5	4.7	0.56	5	5.3	0.64
7.5	5.4	0.36	7.5	6.05	0.42
10	5.7	0.24	10	6.56	0.27
15			15		
20	6.78	0.02	20	7.75	0.03
25			25		
30	7	0	30	8.0	0
40	6.81	0	40	7.78	0
50	6.3	0	50	7.18	0
60	5.48	0	60	6.27	0
70	4.49	0	70	5.03	0
80	3.31	0	80	3.58	0
90	1.92	0	90	1.91	0
95			95		
100	0.15	0	100	0.08	0

克拉克Y7%翼型

克拉克Y8%翼型

克拉克 Y9%翼型			MVA123 翼型		
x	$y_上$	$y_下$	x	$y_上$	$y_下$
0	2.67	2.67	0	4.5	4.6
1.25	4.16	1.47	1.25		
2.5	4.96	1.12	2.5	7.1	3.7
5	6.03	0.71	5	8.4	1.1
7.5	6.75	0.48	7.5		
10	7.32	0.32	10	10.1	5.1
15	8.15	0.11	15	11.2	5.9
20	8.66	0.02	20	11.9	6.3
25			25	12.3	6.7
30	9.12	0	30	12.5	7.1
40	8.7	0	40	12.5	7.1
50	8.02	0	50	12	6.7
60	6.98	0	60	11.1	6.1
70	5.64	0	70	9.7	5.5
80	3.94	0	80	7.9	4.8
90	2.14	0	90	5.8	4.2
95	1.14	0	95		
100	0.09	0	100	3.7	3.5

克拉克Y9%翼型

MVA123翼型

MVA301-75%翼型			MVA301 翼型		
x	$y_{上}$	$y_{下}$	x	$y_{上}$	$y_{下}$
0	0.7	0.7	0	4.3	4.3
1.25			1.25		
2.5	3.9	0	2.5	8.3	3.1
5	5.5	0.5	5	9.9	3.3
7.5	6.7	0.9	7.5	11.1	3.5
10	7.6	1.3	10	12.0	3.7
15			15	13.4	4.2
20	9.9	2.6	20	14.2	4.6
25			25	14.7	4.9
30	10.6	3.2	30	14.9	5.2
40	10.5	3.4	40	14.7	5.4
50	9.8	3.3	50	13.9	5.3
60	8.5	2.9	60	12.5	5.2
70	6.9	2.4	70	10.8	4.9
80	5	1.8	80	8.6	4.3
90	2.9	1.0	90	6.2	3.8
95	1.7	0.6	95		
100	0.2	0	100	3.5	3.2

MVA301-75%翼型

MVA301翼型

EPPLER193 翼型

$x_{上}$	$y_{上}$	$x_{下}$	$y_{下}$	$x_{上}$	$y_{上}$	$x_{下}$	$y_{下}$
0	0	0	0	54.306	7.436	64.384	-0.486
0.026	0.19	0.129	-0.375	59.186	6.868	71.479	-0.35
0.465	0.915	0.819	-0.838	64.052	6.112	76.339	-0.239
1.344	1.74	2.044	-1.252	68.839	5.381	80.882	-0.155
2.652	2.608	3.791	-1.588	73.484	4.642	85.05	-0.091
4.383	3.487	6.049	-1.841	77.925	5.914	88.788	-0.048
6.525	4.362	8.801	-2.01	82.096	3.214	92.048	-0.018
9.061	5.181	12.026	-2.098	85.945	2.558	94.774	0.01
11.967	5.975	15.697	-2.112	89.414	1.957	97.005	0.032
11.218	6.663	19.778	-2.001	92.462	1.415	98.64	0.054
18.78	7.284	24.227	-1.955	95.023	0.932	99.655	0.014
22.62	7.805	28.998	-1.807	97.103	0.522	100	0
26.696	8.213	34.035	-1.628	98.674	0.22		
30.967	8.487	39.28	-1.43	99.661	0.051		
35.402	8.603	14.672	-1.244	100	0		
39.979	8.551	55.145	-1.019				
44.675	8.352	55.63	-0.824				
49.458	7.954	61.095	-0.645				

EPPLER193翼型

EPPLER195 翼型							
$x_上$	$y_上$	$x_下$	$y_下$	$x_上$	$y_上$	$x_下$	$y_下$
0	0	0	0	53.813	7.834	66.043	−1.21
0.008	0.112	196	−0.498	58.686	7.169	71.158	−0.96
0.393	0.86	0.986	−1.043	63.559	6.427	76.043	−0.738
1.228	1.710	2.295	−1.553	68.368	5.647	80.605	−0.548
2.5	2.627	4.112	−1.998	73.046	4.858	84.809	−0.391
4.198	3.549	6.422	−2.37	77.529	4.083	88.59	−0.267
6.31	4.458	9.206	−2.663	81.753	3.34	91.895	−0.167
8.817	5.332	12.441	−2.875	85.658	2.646	94.685	−0.083
11.697	6.162	16.098	−3.008	89.185	2.014	96.935	−0.017
14.922	6.901	20.14	−3.066	92.28	1.448	98.607	0.014
18.46	7.562	24.526	−3.053	94.904	0.948	99.646	0.009
22.276	8.121	29.209	−2.975	97.057	0.527	100	0
26.33	8.562	34.136	−2.832	98.64	0.22		
30.58	8.864	39.26	−2.624	99.652	0.5		
34.994	9.002	44.545	−2.361	100	0		
39.55	8.966	49.936	−2.071				
44.222	8.754	55.362	−1.775				
48.985	8.573	60.754	−1.485				

EPPLER195翼型

EPPLER197 翼型							
$x_{上}$	$y_{上}$	$x_{下}$	$y_{下}$	$x_{上}$	$y_{上}$	$x_{下}$	$y_{下}$
0	0	0	－0.2	58.146	7.542	65.718	－1.965
0.318	0.789	0.279	－0.64	63.028	6.752	70.834	－1.595
1.104	1.683	1.164	－1.278	27.86	5.92	75.725	－1.266
2.335	2.633	2.555	－1.893	72.575	5.079	80.323	－0.965
3.996	3.600	4.438	－2.454	77.105	4.254	84.564	－0.715
6.075	4.556	6.797	－2.945	81.394	3.456	88.388	－0.505
8.551	5.478	9.61	－3.365	85.349	2.733	91.738	－0.325
11.402	6.345	12.852	－3.706	88.939	2.068	94.572	－0.185
14.599	7.139	16.495	－3.955	92.096	1.478	96.864	－0.075
18.112	7.844	20.495	－4.125	94.778	0.96	98.572	－0.009
21.902	8.442	24.818	－4.195	96.96	0.53	99.637	－0.005
25.933	8.918	29.414	－4.185	98.604	0.219	100	0
30.159	9.250	54.231	－4.085	99.642	0.05		
34.351	9.413	39.236	－3.855	100	0		
39.085	9.394	14.415	－3.533				
13.735	9.191	19.723	－3.165				
48.474	8.806	55.091	－2.765				
53.282	8.246	66.447	－2.365				

EPPLER197翼型

EPPLER201 翼型

$x_{上}$	$y_{上}$	$x_{下}$	$y_{下}$	$x_{上}$	$y_{上}$	$x_{下}$	$y_{下}$
0	0	0	0	54.222	7.753	65.591	−1.226
0.011	0.128	0.187	−0.486	59.11	7.122	70.749	−0.839
0.407	0.875	0.964	−1.046	63.984	6.418	75.676	−0.591
1.258	1.73	2.258	−1.575	68.777	5.677	80.305	−0.386
2.547	2.632	4.055	−2.041	73.427	4.923	84.572	−0.225
4.264	3.544	6.341	−2438	77.871	4.176	88.416	−0.107
6.396	4.443	9.097	−2756	82.048	3.454	91.782	−0.027
8.925	5.806	12.298	−2.993	85.899	2.771	94.625	0.025
11.828	6.112	15.916	−3.149	89.369	2.141	96.912	0.051
15.078	6.847	19.915	−3.227	92.406	1.565	98.602	0.045
18.642	7.496	24.253	−3.229	94.977	1.042	99.645	0.17
22.484	8.042	28.883	−3.157	97.069	0.589	100	0
26.565	8.471	33.753	−3.010	98.65	0.25		
30.843	8.763	38.823	−2.777	99.652	0.058		
35.285	8.895	14.069	−2.471	100	0		
39.87	8.855	19.439	−2.131				
44.572	8.644	54.864	−1.783				
49.365	8.271	60.272	−1.444				

EPPLER201翼型

EPPLER203 翼型

$x_上$	$y_上$	$x_下$	$y_下$	$x_上$	$y_上$	$x_下$	$y_下$
0	0	0	0	54.13	8.088	64.73	−1.799
0.002	0.054	0.258	−0.623	59.028	7.453	69.937	−1.35
0.344	0.825	1.115	−1.293	63.91	6.742	74.94	−0.953
1.162	1.713	2.471	−1.951	68.712	5.989	79.665	−0.62
2.427	2.65	4.311	−2.562	73.369	5.218	84.043	−0.353
1.128	3.6	6.616	−3.111	77.819	4.451	88.005	−0.156
6.25	4.534	9.366	−3.586	82	3.705	91.489	−0.024
8.772	5.432	12.534	−3.977	85.854	2.995	94.441	0.051
11.671	6.275	16.091	−4.279	89.325	2.333	99.813	0.076
14.92	7.041	19.999	−4.487	92.361	1.723	98.561	0.06
18.486	7.718	24.218	−4.596	94.932	1.158	99.636	0.021
22.332	8.291	28.702	−1.6	97.03	0.66	100	0
26.419	8.744	33.398	−4.482	98.625	0.282		
30.704	9.056	38.286	−4.208	99.645	0.066		
35.154	9.204	43.378	−3.797	100	0		
39.748	9.176	48.643	−3.312				
44.46	8.974	54.007	−2.8				
49.264	8.605	59.395	−2.288				

EPPLER203翼型

EPPLER374 翼型			EPPLER385 翼型		
x	$y_上$	$y_下$	x	$y_上$	$y_下$
0	0	0	0	2	2
1.25	1.4	−1.1	1.25	3.4	1.2
2.5	2.2	−1.5	2.5	4.6	1.2
5	3.4	−2	5	6	1.2
7.5	4.2	−2.4	7.5	7.1	1.3
10	4.9	−2.7	10	8	1.4
15	5.9	−3	15	9.2	1.8
20	6.6	−3.1	20	10.2	2.3
25	7.2	−3.2	25	10.9	2.8
30	7.5	−3.3	30	11.4	3.1
40	7.7	−3.2	40	11.8	3.6
50	7.1	−2.9	50	11.2	4.1
60	6	−2.6	60	10.1	4.4
70	4.6	−2.2	70	8.5	4.4
80	3.1	−1.5	80	6.6	4.1
90	1.6	−0.8	90	4.6	3.5
95	0.9	−0.4	95	3.3	2.8
100	0	0	100	2	2

EPPLER374翼型

EPPLER385翼型

EPPLER387 翼型			8707 翼型		
x	$y_{上}$	$y_{下}$	x	$y_{上}$	$y_{下}$
0	2	2	0	0	0
1.25	3.5	1.2	1.6	0	0
2.5	4.5	0.8	9	0	0
5	5.6	0.8	13.5	6.0	6.0
7.5	6.5	0.5	18.4	0	0
10	7.2	0.5	24	6.0	6.0
15	8.3	0.5	29.5	0	0
20	9.2	0.7	40	0.8	0.8
25	9.7	0.8	50	3.0	3.0
30	10.1	1	60	6.0	6.0
40	10.2	1.4	70	8.0	8.0
50	9.5	1.7	80	8.0	8.0
60	8.2	2	90	6.8	6.8
70	6.8	2.2	100	2.0	2.0
80	5.2	2.3			
90	3.6	2.3			
95	2.8	2.2			
100	2	2			

EPPLER387翼型

8707翼型

E-59 翼型			Lissaman7669 翼型		
x	$y_{\text{上}}$	$y_{\text{下}}$	x	$y_{\text{上}}$	$y_{\text{下}}$
0	2	2	0	0	0
1.25	3.6	1.4	1.25	2.25	−1.64
2.5	4.1	1.5	2.5	3.34	−2.01
5	5.2	1.5	5	4.96	−2.30
7.5	5.8	1.6	7.5	6.15	−2.30
10	6.6	1.8	10	7.06	−2.16
15	7.6	2.5	15	8.4	−1.70
20	8.3	2.8	20	9.26	−1.38
30	9.2	3.6	30	9.92	−1.06
40	9.7	4.3	40	8.97	−0.97
50	9.6	4.8	50	6.96	−0.75
60	9.3	5.1	60	4.86	−0.60
70	8.5	5	70	3.16	−0.45
80	7.2	4.7	80	1.81	−0.30
90	5.2	3.9	90	0.84	−0.16
95	3.8	3.2	95	0.41	−0.08
100	2	2	100	0.0	0.0

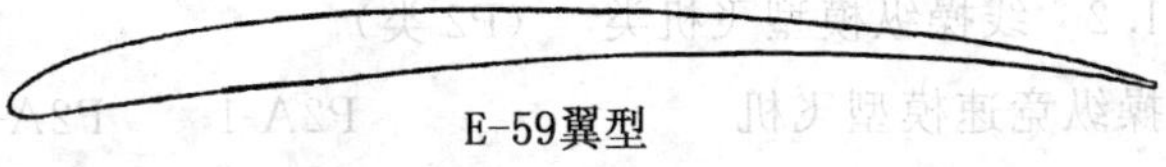

E-59翼型

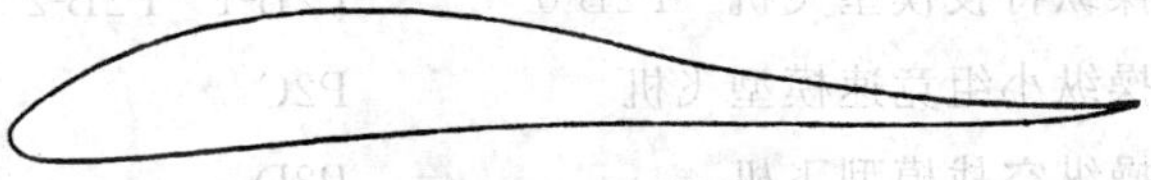

Lissaman7669翼型

附录 航空模型竞赛规则

第一章 总 则

1.1 普及级航空航天模型的分类与分级

1.1.1 自由飞模型飞机类 （P1 类）

牵引模型滑翔机		P1A-1	P1A-2
橡筋模型飞机	P1B-0	P1B-1	P1B-2
活塞式发动机模型飞机		P1C-1	P1C-2
室内模型飞机	P1D-0	P1D-1	P1D-2
电动模型飞机		P1E-1	P1E-2
橡筋模型直升机		P1F-1	P1F-2
二氧化碳气体动力模型飞机		P1Q	
软弹射模型滑翔机		P1R	
手掷模型滑翔机	P1S-0	P1S-1	P1S-2
弹射模型滑翔机		P1T-1	P1T-2
橡筋伞翼模型飞机		P1Y	

1.1.2 线操纵模型飞机类 （P2 类）

线操纵竞速模型飞机		P2A-1	P2A-2	
线操纵特技模型飞机	P2B-0	P2B-1	P2B-2	P2B-3
线操纵小组竞速模型飞机		P2C		
线操纵空战模型飞机		P2D		
线操纵电动特技模型飞机		P2E-0	P2E-1	
线操纵甩动特技模型飞机		P2S		

线操纵风动特技伞翼机　P2W-1　P2W-2

1.1.3　无线电遥控模型飞机类　（P3 类）

无线电遥控特技模型飞机　P3A-1　P3A-2　P3A-3

无线电遥控牵引模型滑翔机　P3B-1　P3B-2　P3B-3

无线电遥控模型直升机　P3C-1　PC3-2　PCB-3

无线电遥控山坡模型滑翔机　P3F

无线电遥控空投模型飞机　P3K

无线电遥控特定模型飞机　P3S

无线电遥控弹射模型滑翔机　P3T

1.1.4　像真模型飞机类　（P4 类）

自由飞行像真模型飞机　P4A-1　P4A-2

线操纵像真模型飞机　P4B-1　P4B-2

无线电遥控像真模型飞机　P4C-1　P4C-2

1.1.5　无线电遥控电动模型飞机类　（P5 类）

无线电遥控电动特技模型飞机　P5A-1　P5A-2

无线电遥控电动模型滑翔机　P5B-1　P5B-2　P5B-3

无线电遥控电动模型直升机　P5C-1　P5C-2

无线电遥控电动绕标竞速模型飞机　P5D-1　P5D-2

1.1.6　外观像真航空航天模型类　（P6 类）

1.1.7　指定模型飞机类　（P7 类）

1.1.8　非常规模型飞机类　（P8 类）

1.2　竞赛的一般规定

1.2.1　各级竞赛可按年龄段、学龄段、性别分组进行。可以进行个人、单项、团体、综合团体赛。

1.2.2　参加比赛的模型必须符合技术要求。可以采用自审和抽查的方法审核模型，合格后做上标记，取得名次、达到等级运动员标准或打破纪录的模型要进行复审，复审不合格者成绩无效。

1.2.3　每架模型只能由1名主要制作或装配者来参加比赛、测验和记录飞行。

1.2.4　每名运动员在1次比赛中可以用2架模型（特别规定的项目除外）。除机翼、机身和尾翼外，备用零件数量不限，并且可互换，但更换后仍需符合要求。

1.2.5　禁止使用金属螺旋桨，凡是危及安全、妨碍比赛的模型或装置，裁判长有权禁止使用。

1.2.6　手掷模型滑翔机、弹射模型滑翔机必须用橡胶类软质材料做机头，半径不小于3毫米。

1.2.7　比赛开始前15分钟静场、静空。同时在起飞线开始检录，隔1分钟点名1次，核对运动员和模型；3次点名不到者，该轮比赛作弃权论。

1.2.8　允许1名教练员或领队入场进行口头指导，按规定入场的助手只限于做协助工作。

1.2.9　裁判员的视力或矫正视力不低于1.0。

1.2.10　以下情况该轮判为零分：声明弃权，检录点名或起飞点名未到，在比赛时间内未能起飞及其他严重犯规。

1.2.11　排列个人名次时，若无具体规定，成绩相同者名次并列；团体赛记分和名次排列方法在规程中规定。

1.2.12　比赛须按日程连续进行。遇下列情况总裁判长有权提前或推迟竞赛：能见度差，变动场地，气象条件改变或其他原因不适合比赛。

1.2.13　运动员应遵守纪律，服从裁判，不得影响裁判员的工作，对破坏纪律、无理取闹、弄虚作假的运动员或运动队，竞赛的组织者可视情节予以批评、警告直至取消比赛资格的处分。

1.2.14　运动员对裁判员工作有异议时，有权通过领队以口头或书面方式向大会提出；对成绩名次评定有异议时，应在公布成绩后1小时内提出。

1.3　本规则的修改、补充、解释权属国家体育总局

第二章　自由飞模型飞机

2.1　竞时项目的一般规定

2.1.1　运动员放飞或脱钩时，可以助跑和跳跃，但不得在台、架、建筑物或0.5米以上的高坡上放飞或脱钩。

2.1.2　在规定比赛时间内，只要没有达到正式飞行标准，可以有1次试飞机会。

2.1.3　凡在比赛时间内起飞、脱钩的飞行均有效，其留空时间计时可超出比赛时间。

2.1.4　模型飞行过程中解体或脱落零件，其中任何1个零件先触地即终止计时。

2.1.5　模型碰到障碍物后下坠，落到地面终止计时。

2.1.6　模型飞行过程中，在障碍物上停止前进运动或飞出视线，应停止计时；如10秒内继续飞行并重新看见，应连续计时，中断时间应包括在留空时间内。

2.1.7　模型着陆前如运动员、助手或本队人员接触模型，应停止计时。

2.1.8　模型飞行过程中与其他模型或牵引线相碰，运动员可以认可该次飞行成绩，也可以申请重飞，重飞应在该轮比赛时间内进行；如比赛时间已到，可以延长1分钟。

2.1.9　未达到正式飞行标准，但运动员认可的该次飞行也为正式飞行。一旦已声明放弃的成绩则不能再追认。

2.1.10　留空时间的计时单位为秒，保留 1 位小数（舍去第 2 位小数）。

2.1.11　初级、一级模型飞机每次比赛飞行 3 轮，以较高 2 轮成绩之和为正式比赛成绩；较高 2 轮成绩之和相同，则另 1 轮成绩高者列前；另 1 轮成绩仍相同，则前 2 轮中单轮成绩高者列前；如再相同，则进行附加赛，直到决出名次为止。有 2 轮达到最长测定时间，则进行加时赛，直到飞不满为止。以 2 轮正式比赛成绩与加时赛在内的各轮成绩之和作为个人申请等级运动员和纪录的成绩（室内模型飞机除外）。

2.1.12　二级与不分级模型飞机每次比赛飞行 3 轮，3 轮成绩之和为正式比赛成绩。3 轮成绩之和相同，则以最高 1 轮成绩确定名次；最高 1 轮成绩相同，则以次高 1 轮成绩确定名次；次高 1 轮成绩仍相同，则进行附加赛，直到决出名次为止。3 轮都达到最大测定时间，则进行加时赛，直到飞不满为止，以包括加时赛在内的各轮成绩之和为个人比赛成绩（室内模型飞机除外）。

2.2　直线距离项目的一般规定

2.2.1　模型不允许安装滑轮。

2.2.2　飞行场地为矩形。一级场地起飞线长 14 米，边线长 30 米；二级场地起飞线长 25 米，边线长 50 米，边线可延长或缩短。

2.2.3　每轮比赛连续进行往返飞行各 1 次，以往返飞行距离之和为该轮成绩。

2.2.4　以模型着陆停稳时机头在地面的垂足到起飞线的垂直距离为单程成绩。单位为米，保留 2 位小数（舍去第 3 位小数）。

2.2.5 比赛进行 2 轮，取其中较高 1 轮成绩为运动员个人成绩。

2.2.6 以下情况成绩无效：放飞时踩线或跨线、模型机头部分着陆在边线或其延长线之外、飞行时模型滚转 90 度以上。飞行成绩无效时，可以再次试飞，在规定比赛时间内试飞次数不限。

2.4 橡筋模型飞机（P1B）

2.4.1 定义

指以橡筋材料提供动力，由空气动力作用在保持不变的翼面上而产生升力的航空模型。

2.4.2 分级

初级橡筋模型飞机（P1B-0）

一级橡筋模型飞机（P1B-1）

二级橡筋模型飞机（P1B-2）

2.4.3 技术要求

P1B-0 最小飞行重量 16 克；动力橡筋最大重量 2 克。

P1B-1 最小飞行重量 40 克；动力橡筋最大重量 4 克。

P1B-2 最小飞行重量 80 克；动力橡筋最大重量 8 克。

2.4.4 留空时间项目

允许手上起飞。自模型离手开始计时，模型着陆停止前进终止计时。

P1B-0 每轮比赛时间 5 分钟，满 10 秒为正式飞行，最长测定时间 30 秒；每轮加时赛最长测定时间递增 30 秒。

P1B-1 每轮比赛时间 5 分钟，满 10 秒为正式飞行，最长设定时间 60 秒；每轮加时赛最长测定时间递增 30 秒。

P1B-2 每轮比赛时间 10 分钟，满 15 秒为正式飞行，最长测定时间 120 秒；每轮加时赛最长测定时间递增 60 秒。

2.4.5 直线距离项目

2.4.6 助手

允许 1 名助手入场，助手不得调整、放飞模型和绕橡筋。

2.11 手掷模型滑翔机（P1S）

2.11.1 定义

指以手掷使模型升空，由空气动力作用在保持不变的翼面上而产生升力的航空模型。

2.11.2 分级

初级手掷模型滑翔机（P1S-0）。

一级手掷模型滑翔机（P1S-1）。

二级手掷模型滑翔机（P1S-2）。

2.11.3 技术要求

P1S-0 最大飞行重量 20 克，最大翼展 200 毫米。

P1S-1 最大飞行重量 40 克，最大翼展 300 毫米。

P1S-2 最大飞行重量 80 克，最大翼展 500 毫米

2.11.4 留空时间项目

P1S-0 每轮最长测定时间 30 秒，每轮加时赛最长测定时间递增 30 秒。

P1S-1 每轮最长测定时间 60 秒，每轮加时赛最长测定时间递增 30 秒。

P1S-2 每轮最长测定时间 120 秒，每轮加时赛最长测定时间递增 60 秒。

自模型离手开始计时，模型着陆停止前进终止计时。每轮比赛时间 3 分钟，满 10 秒为正式飞行。

2.11.5 直线距离项目

P1S-0　单航程比赛时间 3 分钟，使用一级场地。

P1S-1　单航程比赛时间 3 分钟，使用一级场地。

P1S-2　单航程比赛时间 4 分钟，使用二级场地。

2.11.6　助手

不设助手。

2.12　弹射模型滑翔机（P1T）

2.12.1 定义

指以拉伸的橡筋材料提供动力，由空气动力作用在翼面上而产生升力的航空模型。

2.12.2　分级

一级弹射模型滑翔机（P1T-1）。

二级弹射模型滑翔机（P1T-2）。

2.12.3　技术要求

P1T-1　最大翼展 200 毫米。

P1T-2　最大翼展 300 毫米。

2.12.4　弹射手把

最大长度 300 毫米。

2.12.5　比赛时间

P1T-1　每轮 3 分钟。

P1T-2　每轮 5 分钟。

2.12.6　正式飞行

满 10 秒的飞行。

2.12.7　留空时间

自释放模型开始计时，模型着陆停止前进终止计时。

P1T-1　每轮最大测定时间 30 秒，每轮加时赛最长测定时间递增 30 秒。

P1T-2 每轮最大测定时间60秒，每轮加时赛最长测定时间递增60秒。

2.12.8 运动员须离待飞区和裁判员10米以外弹射起飞；不得借助其他器械。

2.12.9 助手

不设助手。

第四章 无线电遥控模型飞机

4.1 无线电遥控特技模型飞机（P3A）

4.1.1 定义

由运动员在地面用无线电遥控设备操纵模型飞机舵面及其他机构，以改变飞行姿态、方向、高度和速度而进行特技飞行的固定翼模型飞机。

4.1.2 分级

一级无线电遥控特技模型飞机（P3A-1）

简称：一级遥控特技

二级无线电遥控特技模型飞机（P3A-2）

简称：二级遥控特技

三级无线电遥控特技模型飞机（P3A-3）

简称：三级遥控特技

4.1.3 技术要求

(a) 限用活塞式发动机，最大工作容积：P3A-1不大于3.5毫升；P3A-2不大于6.5毫升；P3A-3二行程发动机不大于10毫升；四行程发动机不大于15毫升。

(b) P3A-1最多操纵2个舵面和发动机风门，P3A-2最多操纵3个舵面和发动机风门。

4.1.4　助手

只允许一名助手入场。助手不得起动发动机和操纵模型。

4.1.5　正式飞行的定义

模型起飞离陆即为正式飞行。每轮比赛每名运动员在比赛时间内，只准进行 1 次正式飞行。

4.1.6　比赛时间

（a）进场后有 1 分钟的准备时间，1 分钟后即开始记比赛时间。

（b）每名运动员每轮比赛时间：P3A-1 为 6 分钟；P3A-2 为 8 分钟；P3A-3 为 10 分钟。凡超过规定比赛时间所做的动作不给分。

4.1.7　动作空域

特技动作应在裁判员正前方，垂直方向约 60 度，水平方向约 90 度（P3A-3 为 120 度）空域范围内；能看清楚的合理高度和一个垂直于地面的平面内进行（起飞、着陆航线及着陆除外），动作展示面与裁判员的距离应在 100～150 米之间，违反规定要从严扣分。飞行动作必须按规定顺序进行，模型飞机每通过 1 次动作空域，必须完成一个规定动作（必须过渡的动作除外）。漏做动作，补做无效。进入每一个动作前，运动员或助手应向裁判员大声报告动作开始，不报告动作视为漏做。（P3A-3 除外）。

4.1.8　裁判

每次比赛须有 3～5 名裁判评分，全国比赛应有 5 名裁判评分。

4.1.9　成绩评定

（a）采用 10 分制评分，可用 0.5 分。动作得分为：K（难度系数）×裁判评分。3 名裁判员评分时，按每个动作给分相近的 2 人评分的平均值计算，但如 3 人评分上下差值相同，则按中间值计算。3 名以上裁判员评分时，则每个动作舍去最高和最低的评分，再计算平均值。各动作的得分之和为该轮比赛成绩。

（b）竞赛一般进行 3 轮。以其中较高 2 轮成绩之和为运动员的正式比赛成绩，若成绩相同，则以另一轮的得分确定名次。

4.1.10　动作顺序、难度系数及要求

4.1.10.1　一级无线电遥控特技模型飞机（P3A-1）（动作图解见右图）

1. 起飞　K＝2

模型直线滑跑 5 米以上，柔和着陆，以小角度爬升到约 50 米高度做 90 度转弯，保持一段直线飞行再做 90 度转弯进入直线飞行。

扣分：

（1）滑跑爬升时方向改变。

（2）滑跑距离过短。

（3）离陆不柔和。

（4）两个转弯不是 90 度。

2. 逆风直线　K＝1

P3A-1特技动作图

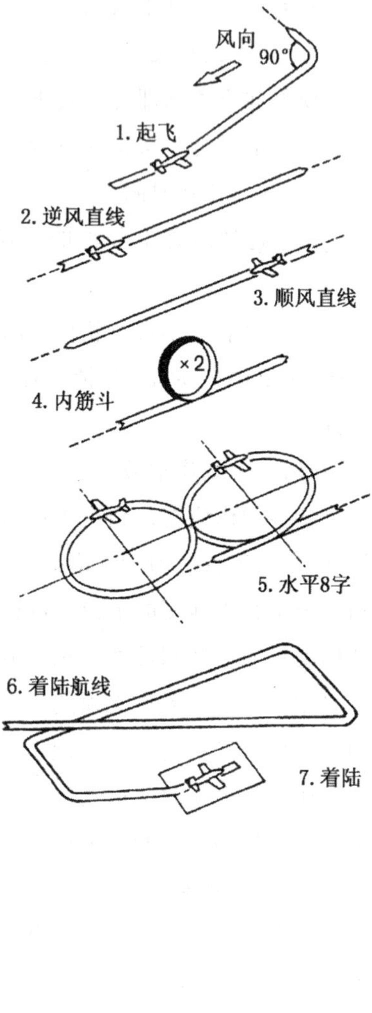

模型由下风方向进入。

扣分：

（1）方向改变。

（2）高度改变。

（3）空域位置不好。

3. 顺风直线　K＝1

模型由上风方向进入。

扣分：

（1）方向改变。

（2）高度改变。

（3）空域位置不好。

4. 内筋斗 2 个　K＝3

动作由逆风方向进入，在裁判员正前方，合理的空域位置，连续做内筋斗 2 个。

扣分：

（1）筋斗不圆。

（2）2 个筋斗不重合。

（3）航向改变。

（4）机翼倾斜。

（5）进入、改出不是平飞。

5. 水平 8 字　K＝2

动作由逆风方向进入，在裁判员正前方，合理的空域位置，做 1 个由左右各 1 圈盘旋组成的平飞 8 字。

扣分：

（1）左右盘旋的半径不等。

（2）高度改变。

（3）两圆未相切。

（4）空域位置不好。

6. 着陆航线　K＝3

逆风（按跑道方向）

进入着陆航线，完成由4个直线边和4个半径相等的90度转弯组成的矩形航线，模型平稳下滑。

扣分：

（1）航线不直。

（2）转弯不是90度。

（3）转弯半径不等。

7. 着陆　K＝3

第4转弯后，模型下滑，逐渐拉平，在着陆区平稳接地。着陆区为长100米的跑道或半径50米的圆。

扣分：

（1）模型下滑过程中修正粗暴。

（2）接地动作粗暴。

（3）在着陆区外接地或模型翻倒、损坏均判为0分。

合计：K＝15

4.1.10.2　二级无线电遥控特技模型飞机

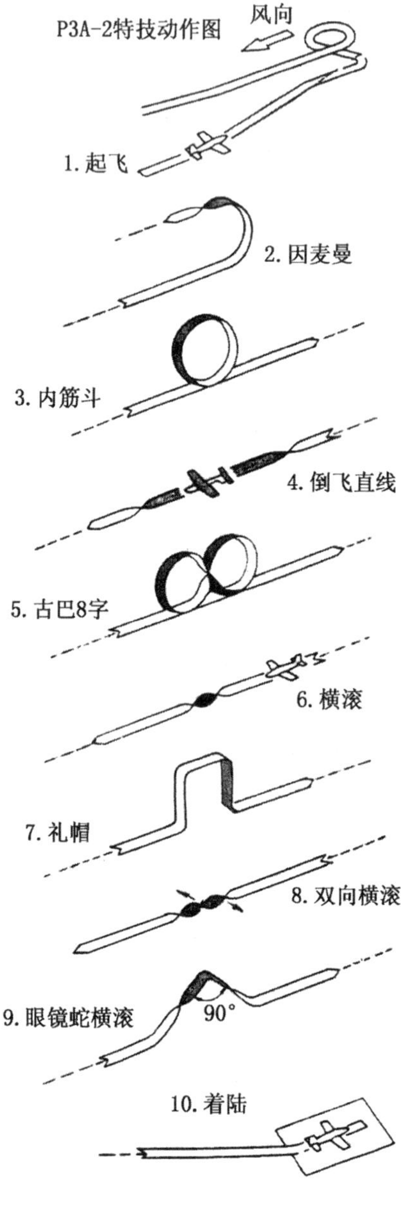

（P3A-2）（动作图解见右图）

1. 起飞　K＝2

模型直线滑跑 5 米以上，柔和离陆，以小角度爬升到约 50 米的高度做 90 度转弯，接着向反方向做 270 度转弯进入直线飞行。

扣分：

（1）滑跑爬升时方向改变。

（2）滑跑距离过短，离陆不柔和。

（3）不是 90 度和 270 度的标准转弯。

2. 因麦曼　K＝1

模型拉起做半个内筋斗，接着做半滚后平飞改出。

扣分：

（1）在半筋斗或半滚时偏斜。

（2）半筋斗后未立即做半滚。

（3）进入和改出时不是平飞状态。

3. 内筋斗 3 个　K＝3

在裁判员正前方平飞进入，连续做内筋斗 3 个。筋斗应是 3 个重合的正圆，圆平面应与地面垂直。

扣分：

（1）筋斗不圆。

（2）3 个筋斗不重合。

（3）筋斗中航向变化。

（4）筋斗中机翼倾斜。

4. 倒飞直线　K＝2

做半滚后进入倒飞水平直线飞行，飞越动作空域中心后在与进入点对应处半滚改为平飞。

扣分：

（1）高度改变。

（2）航向改变。

（3）机翼倾斜。

5. 古巴8字　K＝3

模型拉起做内筋斗，在45度倒飞状态时，做半滚，继续沿45度线飞行，到达进入高度时拉起做第二个内筋斗，在达到45度倒飞状态时，做半滚，继续沿45度线飞行，在进入点改为平飞。

扣分：

（1）滚转或筋斗中偏斜。

（2）半滚时模型不在45度倒飞状态。

（3）筋斗不圆。

（4）2个滚转点不相交。

6. 横滚　K＝2

平飞进入，模型向任一方向滚转360度。

扣分：

（1）高度改变。

（2）航向变化。

（3）横滚不是准确360度。

（4）横滚速度不均。

7. 礼帽　K＝2

平飞进入，拉起做垂直上升，推杆后做平飞直线，然后推杆进入俯冲，在与进入同高度处拉杆改为平飞。

扣分：

（1）高度变化。

（2）航向改变。

（3）机翼倾斜。

（4）3 边长度不等。

（5）各边不在垂直或水平状态。

8. 双向横滚　K＝3

平飞进入，模型向一方向滚转 360 度，接着向相反方向滚转 360 度。

扣分：

（1）航向和高度发生变化。

（2）2 个横滚的滚转速度不一致。

（3）横滚不是 360 度。

（4）第二个横滚未紧接着第一个横滚。

9. 眼镜蛇横滚　K＝3

模型拉起做 45 度爬升，在爬升过程中做半滚，然后爬升至顶点后拉杆做 1/4 筋斗后进入 45 度倒飞俯冲，在俯冲过程中做半滚，到进入高度时拉杆平飞改出。

扣分：

（1）爬升或俯冲过程不是 45 度。

（2）顶点转角不是 90 度。

（3）半滚时机翼倾斜。

（4）两个半滚点不对称。

10. 着陆　K＝3

逆风按跑道方向进入着陆航线，第 1 边通过跑道上空。航线轨迹为矩形，转弯要柔和，半径相等。第 4 转弯后，模型下滑，逐渐拉平，平稳着陆。着陆区为半径 50 米的圆圈或 100 米长的跑道。在着陆区外接地或模型翻倒、损坏判为 0 分。

扣分：

（1）下滑过程中修正粗暴。

（2）接地动作粗暴。

(3) 接地后改变方向。

(4) 速度控制不合理。

11. 航线质量　K=2

以整套动作航线的高度、距离的合理性、稳定性；展示面及回转动作的质量给予评分。

合计：K=26

说明：

除非另有说明，所有回转动作必须做1/2古巴8字或1/2倒古巴8字。

4.1.10.3　三级无线电遥控特技模型飞机（P3A-3）（动作图解见下图）

1. 起飞　K=2

模型直线滑跑5米以上，柔和离陆，以小角度爬升到约50米的高度做90度转弯，接着向反方向做270度转弯进入直线飞行。

扣分：

(1) 滑跑爬升时方向改变。

(2) 滑跑距离过短，离陆不柔和。

(3) 不是90度和270度的标准转弯。

2. 正方筋斗　K=3

模型拉起完成1个四边等长，各边呈水平或垂直状态的正方内筋斗。

扣分：

(1) 筋斗转角不是90度。

(2) 筋斗转角处机翼倾斜。

(3) 筋斗中航线改变。

(4) 正方形各边长度不等。

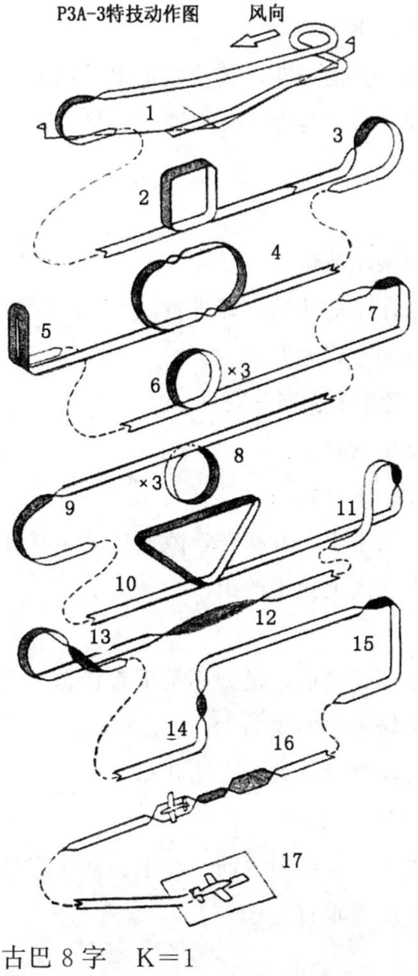

3. 1/2 倒古巴 8 字　K＝1

模型拉起以 45 度角爬升，做半滚，接着做 1/2 内筋斗然后改为平飞。

扣分：

（1）滚转或筋斗中偏斜。

（2）半滚时模型不在 45 度状态。

（3）筋斗不圆。

4. 双因麦曼　K=3

模型拉起做 1/2 内筋斗，接着做半滚后成平飞，保持一段与直径相等的直线飞行，再做 1/2 外筋斗，接着做半滚后改为水平直线飞行。

扣分：

（1）半筋斗偏左或偏右。

（2）半滚未在半筋斗后立即进行。

（3）半滚时偏左或偏右。

（4）2 个半筋斗未在同一高度。

（5）航向发生变化。

5. 失速倒转　K=2

模型拉起进入垂直上升状态，减速后做 180 度失速倒转（方向不限）至进入时高度拉平改出。

扣分：

（1）在失速倒转前后，模型不是垂直状态。

（2）失速倒转不是准确的 180 度。

（3）倒转时模型没有处于失速状态。

6. 内筋斗 3 个　K=3

模型平飞进入，连续做内筋斗 3 个。筋斗应是 3 个重合的正圆，圆平面应于地面垂直。

扣分：

（1）筋斗不圆。

（2）3 个筋斗不重合。

（3）筋斗中航向变化。

（4）筋斗中机翼倾斜。

7. 半方筋斗并半滚　K=1

模型自平飞做 1/4 筋斗进入垂直上升状态，保持一段，拉杆进入倒飞，然后在动作进入点上空，做半滚后改出。

扣分：

（1）做 1/4 筋斗时机翼倾斜。

（2）在第 1 个 1/4 筋斗后，模型不是垂直状态。

（3）半滚时机翼倾斜。

（4）半滚不是准确的 180 度。

8. 外筋斗 3 个　K＝3

模型推杆向下连续做 3 个外筋斗。筋斗应是 3 个重合的圆，圆平面应与地面垂直。

9. 半滚倒转　K＝3

模型自平飞状态做半滚后立即拉杆做半个内筋斗后平飞改出。

扣分：

（1）在半筋斗或半滚时偏斜。

（2）半滚后未立即进入半筋斗。

10. 三角筋斗　K＝3

模型以 45 度角爬升，做 135 度内筋斗进入倒飞，再做 135 度内筋斗呈 45 度角下降，在进入点改出。

扣分：

（1）爬升不是沿着 45 度线。

（2）下降不是沿着 135 度线。

（3）进入点和改出点不在同一水平线上。

11. 半滚驼峰　K＝2

模型拉起进入垂直上升状态，做半滚，推杆做半个外筋斗后保持垂直下降，在进入高度改为水平飞行。

扣分：

(1) 模型在半滚开始和结束时不是垂直状态。

(2) 半滚不是准确的 180 度。

(3) 半筋斗不圆。

12. 慢滚　K=3

模型缓慢匀速滚转 360 度，滚转方向不限。

扣分：

(1) 航向改变。

(2) 高度改变。

(3) 滚转速度不一致。

(4) 不是准确地滚转 360 度。

13. 1/2 古巴 8 字　K=1

模型拉起做 5/8 内筋斗，在达到 45 度倒飞状态时，做半滚，然后拉杆在进入高度改为平飞。

扣分：

(1) 筋斗不圆。

(2) 在半滚前后模型不在 45 度状态。

(3) 进入与改出高度不同。

14. 垂直上升横滚　K=2

模型拉起呈 90 度上升，做 360 度滚转，在顶部推杆改出。

扣分：

(1) 上升轨迹不垂直。

(2) 横滚不是 360 度。

(3) 横滚速度不均。

15. 半滚半方筋斗　K=1

模型半滚进入倒飞，紧接着做半个方筋斗，并在进入高度的下方恢复平飞。

扣分：

(1) 在半滚或半方筋斗中航向改变。

(2) 半方筋斗不方。

16. 4 位横滚　K＝4

模型平飞进入，做 360 度横滚，在每个 90 度点做一停顿，机翼呈水平或垂直状态，平飞改出。

扣分：

(1) 各停顿点不在各 90 度点上。

(2) 停顿时机翼不呈水平或垂直状态。

(3) 不是准确的 360 度滚转。

17. 着陆　K＝3

按跑道方向逆风进入着陆航线，第 1 边通过跑道上空，航线轨迹为矩形，转弯要柔和，半径相等。第 4 转弯后，模型下滑，逐渐拉平，平稳着陆。着陆区为半径 50 米的圆圈或 100 米长的跑道。在着陆区外接地或模型翻倒、损坏判为 0 分。

扣分：

(1) 下滑过程中修正粗暴。

(2) 接地动作粗暴。

(3) 接地后改变方向。

(4) 速度控制不合理。

合计：K＝38

4.7　无线电遥控弹射模型滑翔机（P3T）简称遥控弹射

4.7.1　定义

由运动员用无线电遥控设备操纵各舵面，借助弹射绳装置，弹射升空后进行滑翔的模型飞机。

4.7.2　技术要求

(a) 最大翼展 2 米，最多可操纵 2 个舵面，不允许有其他操纵机构。

(b) 必须经弹射动力升空，以其他形式升空，成绩无效。

(c) 弹射绳由弹性材料与非弹性材料两部分连接组成，其中弹性材料重量不大于 100 克，非弹性材料不小于 30 米。

(d) 弹射绳连接模型弹射钩一端，应系有 1 面能清楚判断脱钩的标识旗。

(e) 模型机头部分最小半径不小于 7.5 毫米。

4.7.3　助手人数

允许 1 名助手进场，助手不得操纵模型。

4.7.4　试飞次数

(a) 在规定的比赛时间内，试飞次数不限。

(b) 在弹射过程中弹射绳断裂，可做一次试飞。在规定的比赛时间内可更换弹射绳重新起飞。

4.4.5　比赛时间

每轮比赛时间为 5 分钟。

4.7.6　成绩评定

(a) 每轮飞行成绩为留空时间得分与定点得分之和是该轮原始分。以每批次为单位按原始分比例换算成正式分。最高得分为 1000 分。

(b) 从模型脱钩开始计时，模型着陆停止前进终止计时。单位是秒，保留一位小数。最大测定时间为 120 秒，若超过最大测定时间着陆，则每超过 1 秒扣 1 分。每秒换算为 1 分。

(c) 着陆定点分（Y）以模型着陆停稳后机头在地面的垂足到靶心的距离（X）确定。计算公式是：$Y=100-4(X-1)$，其中 X 以米为单位，小于 1 时按 1 计算。X、Y 均保留 1 位小数。Y 最小值是零，不取负数。

(d) 留空时间不足 30 秒时，该次飞行着陆定点分无效；着陆定点距离 50 米以上时，该轮成绩为 0 分。

(e) 模型着陆时若与运动员或其助手相碰，则该次飞行的定点分为零分，允许声明为试飞。

(f) 比赛进行 3 轮，取其中较高 2 轮成绩评定名次；如相同，以另外 1 轮成绩评定名次；再相同，则加赛 1 轮。加时赛最长测定时间每轮递增 60 秒。

4.7.7 比赛顺序

(a) 赛前由抽签确定运动员的编组，一般每批次 4～6 人。

(b) 弹射绳一端必须牢固地固定在地面上。

4.7.8 下述情况该成绩为 0 分

(a) 比赛时间结束后 30 秒模型仍未着陆者。

(b) 模型在弹射过程中解体。

(c) 飞行中零件脱落。

4.7.8 弹射过程中，弹射绳固定端脱出，则取消该运动员比赛资格。